JN185935

顧客ロイヤルティ戦略
ケースブック

内田和成
余田拓郎
黒岩健一郎
編著

LOYALTY

同文舘出版

執筆者紹介（章編成順，◎は編集責任者）

嶋口　充輝（慶應義塾大学 名誉教授）　第 1 章

◎内田　和成（早稲田大学ビジネススクール 教授）　第 2 章

金　　顕哲（ソウル大学国際大学院 教授）　第 3 章

村山　貞幸（多摩大学経営情報学部 教授）　第 4 章

首藤　明敏（博報堂コンサルティング 代表取締役社長）　第 5 章

◎黒岩健一郎（青山ビジネススクール 教授）　第 6 章

清宮　政宏（滋賀大学経済学部 教授）　第 7 章

四條　　亨（NTT データ経営研究所 アソシエイトパートナー）　第 8 章

岸本　義之（プライスウォーターハウスクーパース・ストラテジー株式会社 ディレクター・オブ・ストラテジー）　第 9 章

阿部　淳一（三菱総合研究所 主席研究員）　第10章

◎余田　拓郎（慶應義塾大学ビジネス・スクール 教授）　第11章

まえがき

成熟社会において企業が発展していくためには，従来の売上や市場シェアを第一義とする戦略のみでは行き詰まってしまう。もちろん，企業が生存の糧としての最終的収益を達成していくことは，経済主体としては当然である。しかし，コントローラブルな経営資源を未来投資に向けず，ひたすら節約して搾り出した目先の利潤達成では，多くの先人が言うように，永続性を旨とする企業の未来を食い物にする行為になってしまう。重要なのは，その前提として，常にしっかりした顧客基盤を構築・維持して，それに合わせた経営資源の集中と選択による，結果としての高い収益性である。

このことは，かつてV字回復を果たしてきた再生企業をみれば明らかである。事業を再生しようとするとき，経営資源の節約的合理化のみに注力するならば，いくら利益が戻ってきたといっても，その会社の明日が保証されるわけではない。肝心の顧客が喜んで製品・サービスを買ってくれるときのみ，その会社の明日が保証されるのである。磐石の顧客基盤を持たない事業はたとえ節約や合理化で利潤を生み出しても，それは顧客への未来投資を犠牲にした不健全な利潤になってしまう。健全な利潤はまさに健全な顧客基盤の上にのみ宿る，といえる。

顧客基盤づくりのためには，極めて月並みだが，顧客満足が中心思想になる。一般に，顧客満足が高まれば，顧客と企業の間に密度の高いロイヤルな関係が発生し，企業から見た場合は顧客維持率が高まることになる。高い顧客維持率は，さもなくば失われるはずの顧客を再獲得や新規顧客獲得で穴埋めする費用を大幅に減らしてくれる。また，その顧客の再購買や重ね買いを促し，高価格を受け入れてくれ，「伝道師」として潜在顧客を呼び込んでくれる。これらは，結果的に企業の収益を大きく高めてくれることになる。その意味で，顧客ロイヤルティこそが事業運営の最終目的といっても過言でない。この事業運営の原則をまっとうすることが現代の最大の経営課題とも言え，それゆえに，本書を

「顧客ロイヤルティ戦略」と命名したゆえんでもある。

＊　　　＊　　　＊

本書の問題意識は顧客ロイヤルティを出発点とするが，テーマとしての事業運営における顧客ロイヤルティの追及はそれほど簡単でない。例えば，顧客満足が高まっても即顧客と企業の間に濃密なロイヤル関係ができるとは限らないし，さらにそれが収益に結びつくかとなると必ずしも直線的にはいかない。それゆえに，なぜ，いま，顧客ロイヤルティかの確認を含め，顧客ロイヤルティの追及には極めて困難だが革新的経営努力が必要になる。事業の顧客満足努力から顧客ロイヤルティへ，さらに事業の経済成果へと結びつけるメカニズムや課題は何か，いかに事業現場でそれが追求されているのか，そこから一体どのような将来の事業運営上のヒントが得られるのか，などが，本書で追求しようとする中心テーマである。

実際，この顧客ロイヤルティが経営問題のキーワードになって以来，既に長い年月が経過している。その間，多くの理論的研究や特定企業を取り上げた解説書も多く登場した。しかしながら，顧客満足や顧客ロイヤルティが実際の経営現場でどのように意識・理解され，いかに推進されているかについては，このテーマの重要性に比べ，なお理論的にも，実務的にも不十分の感がある。とりわけ，実務家が実際の企業経営の現場で活用しようとしても，一般抽象的すぎたり，観念的すぎて，実務への応用が難しい場合も多かった。

そこで，本書ではケース(事例)研究の形を取ることで，具体的な事業経験を紹介し，それによって，読者が深く，楽しくそのメカニズムを理解できるように工夫した。そうしたケースを通じて，多くの企業や非営利組織の運営に携わる実務家・研究者が，実際の仕事に役立てたり，様々な研究上のヒントやアイデアをつかめるように工夫した。もちろん，ハウツー的な要素は少ないが，各ケースに洞察を加えることによって現代の顧客ロイヤルティ問題の本質や課題を描き出してみようと考えた。

ただ，様々なバックグラウンドの研究者による執筆のため，取り上げているケースも，メーカー，小売業，金融機関，インターネット企業に至るまで多岐にわたる幅広さをもっている。さらには，単にケースがバラエティに富むだけではなく，顧客ロイヤルティを分析する著者達の切り口にも，様々なものがある。望むらくは，読者が，こうした様々なケースを単なる読み物として受け取るのではなく，それぞれの立場で，日々の企業活動における顧客ロイヤルティ向上へのヒントや理論研究上のアイデア源として読み取っていただければ，幸いである。

*　　　*　　　*

本書の初版は2004年に『顧客ロイヤルティの時代』という書名で出版されたものである。その後，幸いにして多くの方に手にとって読んでいただいた。研修やテキストとしてもご活用いただけたこともあって，何度か増刷もした。しかし，事例がやや古くなり，出版10年目の節目を迎えたこともあり，顧客ロイヤルティの基本的な考え方を理論編とし，それに続く事例についてはすべて最新のものにかえて旧版を再構成したものである。

最後になったが，同文舘出版株式会社の取締役出版局長の市川良之氏には，辛抱強く原稿の仕上がりを待っていただき，われわれ執筆者に読者と編集者の眼からの厳しい批判と訂正助言をいただいた。編集上の多くのアドバイスを含め，お礼の言葉もない。本書が世に問えるのも同氏のお陰である。改めて感謝の意を表したい。

2015年1月吉日

編著者一同

目　次

第Ⅱ部　事例編（リアルロイヤルティ）

第 I 部

理　論　編

第1章
顧客ロイヤルティの時代

§1. はじめに
—競争力源泉としての顧客ロイヤルティ—

市場における企業や組織の優位性を示す言葉として，これまでしばしば「競争力」という表現が用いられてきた。実際，競争力は企業の活力であり，優秀性の指標であり，企業の成長力そのものといってよい。

ところが，その競争力の源泉が近年は，大きく変わりつつある。かっての競争力といえばライバルに対する相対的な強みを示すもので，その成果は代表的に市場シェアによって測られた。確かに今日でも，そのような競争力の側面はあるが，近年の競争力は，いかに，顧客から強い満足やロイヤルティを受けるかによって示され，その成果も顧客満足，マインドシェア，顧客生涯価値などによって測られる。たとえていえば，かっての競争は戦争をメタファーとした戦いであったのに対し，今日はむしろ恋愛をメタファーとした恋人取りの世界に近い。ライバルの恋仇を倒しても肝心の恋人に愛されなかったら，恋愛に勝ったことにはならない。このような現代の競争時代において，企業の活力は，長期継続的な顧客ロイヤルティの獲得・維持に向けて，全エネルギーを注ぐことによって示される。

組織による顧客ロイヤルティ獲得の重要性は，「関係の経済性」とでも呼びうるメカニズムを理論基盤にしている。その手段が人間的な絆によるものでも，あるいはブランドによるものでも，基本的に組織と顧客が強固な関係性によって結ばれれば，一度失った顧客の売り上げやシェアを取り戻すための新規のプロモーション費用が節約でき，重ね買いが期待でき，客が客を呼ぶ効果があり，さらにはプレミアム価格をも可能にして，利潤への貢献が高くなる。その意味では組織の価値は，関係性構築による顧客生涯価値によって示される。この顧客関係性の強固な状況を一般的に「高い顧客ロイヤルティ」状態と呼び，現代企業の基本的追求目的とされる。事業の存続が顧客基盤構築の上にのみ成り立つことを考えてみれば，事業の一大目的がこのロイヤル・カスタマーづくりにあると考えるのは当然である。

§2.　顧客満足向上の段階的努力

顧客ロイヤルティを獲得・維持するには，潜在，顕在的顧客の満足スペクトラムを一段一段，高めていく努力が必要になる。ここでは，便宜上，満足状態がマイナス，ゼロ，プラスの顧客層に対して，どのようなマーケティング努力が必要かを簡単に説明してみよう。

1.　マイナス満足への顧客対応

まず，なんらかの不満を感じている顧客(つまりマイナス満足客)に対しては，最低限，その不満の解消が必要になる。事業存続の基盤を顧客の創造・維持とみるなら，マイナス満足の顧客を持つということは顧客喪失につながり，その事業の社会的存在意義を無くしている事と同義に近い。したがって，その対応のために，マイナス満足を最低限ゼロ満足に戻す努力がなによりも必要になる。

マイナス満足は多くの場合，企業へのクレームという形で顕在化する。しかし，過去の調査や経験によれば，マイナス満足の顧客はクレームを出す以前にその会社を見限る者が圧倒的に多いという。しかも，スローで責任回避型の企業対応が，悪口を言いふらして潜在顧客を暗殺するテロリスト型顧客をつくってしまう一方，適切な対応が時に周辺顧客を伝導して自社の信者をつくってくれるロイヤル・カスタマーに導くこともある。とすれば，エネルギーを費やして企業にクレームを言ってくれる顧客は，企業に問題の所在を教え，いまの社会にふさわしい企業に生まれ変わるためのヒントを提供してくれる客となる。それゆえに，現代のクレームはかってのように企業成長の結果生み出された「ゴミ」とは違い，長期的に企業を成長させる「ギフト」としてとらえなければならない。

こうなると，現代のクレームへの具体的対応は，まず，① 寄せられるクレームや不満をベースに，自社事業を社会的基盤から見直し，いまの時代にふさわしい企業へと変身させる機会に使うこと，② 可及的速やかに解決策を提示すること，が企業にとっての適切な対応課題になる。

しかし，顕在化するクレーム以前に，企業は改めて，企業の社会的責任とは何かを確認し，より積極的に社会的存在意義の高い企業へと自らを向上させていく努力が求められる。そのためには，最低限，自らの行為によって生み出される社会の不利益(環境汚染や不公正取引など)に対して社会的義務としての責任を負い，さらによりよい社会づくりのために多様な支援責任，例えば文化(メセナ)，社会(フィランソロピー)，経済(国際支援)，人道(難民)，政治(献金)，などを余裕に応じて果たしていくことが必要になる。顧客ロイヤルティは何よりも，正直で，献身的で，正義感溢れる「美しい企業」に対して育まれるものである。

2.　ゼロ満足への顧客対応

次に，不満ではないが，さりとて満足もしていない(つまりゼロ満足状態の)顧客に対しては，基本的に満足をプラスに上げて，喜びをベースにした顧客創造に結び付けていく努力が求められる。

ゼロ満足の客は，成り行きで買ってくれる「傍観者」的な浮遊客だから，事業基盤たる顧客づくりに関して，企業はなお努力不足ということになる。顧客の満足が高まれば，確率的に，そうでない顧客より購買を引き出し顧客創造に結び付きやすいことは当然である。とすれば，企業は少しでもその客の満足を高めなければならないが，その分だけ投入経営資源は多くなる。いかなる組織でもその経営資源は限られているゆえに，組織は取捨選択的に資源を投入して，最大の成果を生み出すような戦略的顧客満足の追求が必要になる。

戦略的顧客満足の具体的課題は，第1に人々から高く評価されている自社の得意技を選択・確認し，それによって満足投資を行うこと。傍観者的顧客には，自社がこれまで培ってきた最も得意とするサービスや仕掛けが顧客満足や顧客創造への投資効果を高くする。

第2はその得意技まわりについて業界の内外のベスト・プラクティスを参考にして取り込み，ダントツのワザに仕立て上げて対応すること。今日，一般的になりつつあるベンチマーキング手法はこの面で特に有効となる。顧客満足への投資は，弱いサービス要素を強化してライバル並にしてもさしたる効果がない。とすれば，もともと得意で，顧客からも認められている強みをさらにダントツにして，ピンポイント的な満足向上で突破口を作るのが適切になる。

そして第3はそれらの政策をコスト発想でなく投資発想，つまり「損して得とる」という喜びの投資の発想で遂行すること。現代の賢い消費者は，事業者が利益計算しながら行うコスト発想の顧客満足づくりは容易に見破ってしまう。ヤマト運輸の宅急便ビジネス創設にみるように，最初から利潤を取ろうとするのでなく，まず喜びの投資で顧客基盤を作った後に，それに合わせて選択・集中型の対応で利潤に落とし込むやり方が必要である。

戦略性の無い顧客満足政策は，漠然とすべてをほどほどに行い，目先のライバルだけをみて対抗手段を考え，今日の利益のためにコスト発想で対応することであるが，これでは現代の賢い顧客を厳しい競争市場のなかで獲得・維持できるわけがない。そして，このような満足をさらに質的に高めていくことによって，より高次な感動や歓喜の可能性をつくり，ロイヤル・カスタマーへの道筋を広げるのである。

§3.　顧客ロイヤルティ創造の前提づくり

マイナス満足をゼロにして事業や組織の社会的存在意義を全うし，さらにゼロ満足を戦略的満足の追求としてプラス満足にすれば，顧客の創造が可能になる。しかし，近年の顧客はヨリ魅力的な競争からの代替案(オファー)によって容易に浮気をしてしまう。企業にとっては，せっかく自らの力で顧客創造を果たしても，ライバルにその顧客を奪われてしまったら元も子もない。ここに，顧客を維持するために，顧客との関係性構築と顧客ロイヤルティの創造が大きな課題になってくる。とすれば，企業は，ロイヤル・カスタマーづくりに向けて，さらに明確で積極的な努力と投資を行う合理的基盤が生まれる。

顧客ロイヤルティを創造するためには，まず，そのための前提づくりが必要になる。どのような顧客セグメントに，いかなる基本姿勢や理念と，組織・制度で対応すべきか，というマーケティングの前提である。

1.　ロイヤルティ・セグメントの確定

顧客ロイヤルティのマーケティングを展開するに当たって，企業は第1に，潜在的にロイヤル・カスタマーとなりうる顧客層を中核的ターゲットとして明確化しなければならない。競争の厳しい市場において，漠然とすべての客層に幅広く投資をしても競争上の優位は築けない。ロイヤル・カスタマーづくりの対象とすべき中核セグメントを明確にして，そこへのより集中的な資源投入が必要になる。

一般的に言うなら，すでに自社の顧客となっているうちの上位2，3割の顧客セグメントが有望な対象ターゲット候補たりうる。理由は，「2割・8割のパレート原則」といわれるように，上位の2割位のヘビーユーザーが売り上げや収益の8割方を上げている例が多く，上位の2，3割を浮気をしないロイヤル・カスタマーとして持続的に確保すれば，現在の経済成果の8割が保証されたも同然だからである。しかも，このセグメントは自社のヘビーユーザーになっているので，ロイヤル・カスタマー化への距離は他のセグメントに比べて一番近いと考えられる。したがって，このセグメントを第1次の中核顧客としてしっかり維持できれば，それがコアとなってさらに周辺顧客への拡大も「客が客を呼ぶ」形でかなり容易になる。

2. 投資としての信頼

第2の課題は，基本姿勢ないし理念として，そのロイヤル・セグメント(ターゲット)に徹底的な信頼を提供すること。信頼は絆や関係性と不可避的に結び付いており，ロイヤル・カスタマー化は，離脱や浮気をしないことと同義だから，相互の信頼関係なくしては起こりえない。とすれば，企業が顧客ロイヤルティを醸成するためには，顧客への徹底的な信頼の賦与が不可欠になる。

ただ，信頼賦与は相手がそれに応えてくれなかったり，時に裏切ったり，だましたりするとき，その提供者にとっては大きな損失やリスクになる。多くの企業はリスク回避的に動くのが一般的だから，もし一度，損失を受けると，再び信頼を与えることはしなくなってしまうという場合が多い。そうなると，関係性もロイヤルティも築けなくなってしまうという自己撞着に陥ってしまう。

この矛盾を克服するには，結局，信頼賦与を一種の投資として，時に，だまされてもいいから愚直に与えるというハイリスク・ハイリターン的発想が生まれてくる。実際，すでに述べたように，コスト発想で目先の利潤のために顧客の満足やロイヤルティを得ようとしても，現代の賢い顧客は容易に見破ってしまう。とすれば，時に期待できる関係性やロイヤリティの経済成果に向けて「損して得とれ」の思想が必要になる。この投資発想で愚直に信頼を賦与する方式は「信頼のシステム化」と言ってよい。信頼のシステム化とは，システムの持つ融通性の欠如を逆用して，あたかも米国のファーストフードの運営方式のように，マニュアル的にそのターゲット・カスタマーに向けて，愚直に信頼を賦与するのである。

米国の優良会社，例えば百貨店のノードストロームやアウトドア商品の通販・小売企業のLLビーンに見られるような「理由を問わぬ愚直な返品対応」，顧客満足度優秀企業のマリオット・ホテル・チェーンにみる「ノーといわない顧客サービス」など，いずれも信頼を投資として愚直に行い，「損して得とる」結果をつくっている。

3.　エンパワーの制度化

第3の課題は，顧客接点への徹底したエンパワーメントである。ロイヤル・カスタマーづくりのためには，顧客接点が「真実の瞬間」になるゆえ，そこに組織の権限を委譲しなければならない。ただ，言葉だけでエンパワーしたと言っても，実態が伴わなければ意味がないため，制度や組織化で支える必要がある。いわゆる「エンパワーの制度化」である。具体的には，現場重視の逆ピラミッド組織やフラット型組織を実効あるものとするために，優秀な人材の現場配置，人事業績評価への顧客満足度や顧客ロイヤルティ貢献度の取り込み等，である。例えば，「患者さま」満足を最大の課題とする老人専門病院の青梅慶友病院は，その人事評価に職員の相互評価制度を導入し，上司をみて仕事をする人間より患者満足を高める人材を高く評価するような制度や仕組みを作って成功している。これらは顧客の満足をさらに高め，関係性を強固にした顧客ロイヤルティづくりに有用である。

§4.　顧客ロイヤルティづくりのためのインタラクティブ・マーケティング

上記のように，まず前提的な関係作りの仕組みをつくったら，次は顧客とのインタラクティブ(相互作用的)な共創価値づくりと，その価値を媒介としたさらなる関係性の強化である。まさに，関係性とインタラクションは一方が他方を交互に高め合いながら，スパイラル的にロイヤル・カスタマー化を促進していくものである。

では，そのインタラクティブ・マーケティングのプロセスはどのようにして進められるのだろうか。簡単に説明すると以下のようになる。

まず企業は自らの思いをベースに，製品・サービスを中心にしたマーケティングの政策セットを一種の「ベネフィットの束」として仮説的に策定し，それを対象顧客にオファー(投げかけ)をする。その対象顧客はその仮説的価値オファーに対し，多様な反応を示すが，現代顧客の多くはしばしば企業が予期しえない偶発的な反応を生む。その偶発的反応に対して，顧客の接点にいるエンパワーされた社員や従業員が，自組織の価値観や思いを勘案しながら拾捨選択的に反応を取り込み，新しい価値につくり変えて再び相手に投げかける。この企業と顧客の相互作用のキャッチ・ボールによって，双方納得型の共創価値がしだいに実現されてくる。

マナブ間部*によれば，メキシコの抽象画の大家，シケイロスは絵画制作の極意として，「誘導される偶発」が大切と紹介しているが，上記のプロセスは，まさにそれである。絵画の制作は最初から厳密な計画に従って進めるというより，キャンバスに向かってまず自分の思いをぶつける形でラフなデッサンをし，それに従って色づけをする。そのとき，色のにじみやはみ出しによって，偶発的な色や形が生まれる。そのとき，その偶発を無視するのでなく，うまく引き込んでさらに次へと描き進めていくほうが，はるかに良い絵になるというのである。今日のようにニーズが読みにくい時代には，思いをベースに作り上げた仮説的価値を顧客にぶつけ，その結果の偶発的反応を取り込み，さらに二の矢，三の矢，という形で，双方納得の価値とニーズを追う方式が合っている。

こうして造られた価値は，双方のニーズを反映したものだから，「正当化された価値(Justified Value)」という性格を持つ。この時，企業と顧客はこの正当化された価値を媒介にして，さらに高い関係性を築くことになる。この内，顧客はその正当化された価値をベースにして自分の周辺の知人・友人に自らの体験や価値物のすばらしさを吹聴する。まさにこの顧客は，「客が客を呼ぶ」という伝道師の役割を演じてくれる。

基本的な第一次の関係をつくって，それをベースにして相互作用を起し，そのプロセスのなかで企業と顧客とで共通の価値のスイート・スポットを追求し，

---

* 「私の履歴書」(『日本経済新聞』1993年12月23日)より。

その結果としてより高い関係性を築くというこの方式は，今日のように未来の顧客ニーズが読めない時代には，適合的なやり方といえよう。この関係性と相互作用とを互いに目的と手段とを入れ替えながら「あざなえる縛」の如くに進化していくことは，事業運営の基本である顧客創造と維持にとっては，本質的なやり方ともいえる。これが顧客ロイヤルティ創造のマーケティング方式である。

かつてTOTOのシャンプー・ドレッサーが，完成度の高い大型洗面台を作った時，初期コンセプトが受け入れられないなかで，社員の一部や関係の深いユーザーに購入してもらい，その中から「朝シャン」という偶発的な発見によって価値のスイート・スポットを見つけてヒット商品に仕立て上げた例は，このプロセスを説明している。多くの成功商品や成長事業も最初からヒットしたものばかりでない。企業と市場との対話や交互作用を通じて次第に両者が一致し，その結果，ともに納得できる価値が生まれ，ロイヤル・カスタマーになっていくという形は，例外より一般的になっている。

§5. むすび

厳しい競争の中で，企業は時代と共に競争優位をベースとしたマーケティングによって成長する。

その戦略は大きな流れとして，まず競争優位のために，戦争型，相対型の相手を倒す市場シェア重視の競争戦略を進展させた。しかし，そこで花開いた数多くの競争戦略概念にもかかわらず現実の経営は行き詰まるようになる。その突破口として出てきたトレンドが改めて市場価値や満足価値に立ち戻った，恋愛型，絶対的な競争優位である。その結果，関係性構築，顧客ロイヤルティ，ワン・トゥ・ワン・マーケティングなどのテーマが，よりリアリティをもつ成長の論理になる。しかも，情報インフラやネット・ワーク化が進展すれば，パートナーと価値連鎖を分担してより高い市場価値を実現するビジネス・モデルも続々と生まれてくる。時代はさらに高い満足とロイヤルティを競い合う絶対競争の世界を中心に展開されているといえるだろう。

（嶋口　充輝）

第2章 顧客ロイヤルティの重要性

§1. 今なぜ顧客ロイヤルティか

昔と違って顧客を満足させるのは簡単でない。いったん満足させても，すぐ気移りしてしまう。どんなに成功している企業でも一度顧客に飽きられてしまうと，再び取り戻すのは至難の業である。ユニクロ，スターバックスも一時期顧客離れが起きて，それを取り戻すのに苦労した時期がある。一方で，東京ディズニーランドのように開業以来30年以上にもわたって顧客を惹き付け続けている企業もある。

以前にも増して顧客ロイヤルティが重要になってきているが，その背景にあるのは，①日本社会・経済の成熟化と②情報化の2つと考える。

1. 日本社会・経済の成熟化

日本経済が成熟化することによって，消費者の購買が従来のように右肩上がりで増えるということがなくなった。あるいは人口が減り出すと言うことは，新しい顧客の誕生も極めて少なくなると言うことである。こうした状況では，新規顧客獲得に各社とも血眼になるが，労多くして効少ないのは誰もが承知していることである。こうした時代には既存顧客をいかに大事にして，繰り返し購買してもらい，そうしたロイヤルティの高い顧客を取りこぼさないことが成長，とりわけ利益成長のためには必須となる。

一方で消費者の側にも大きな変化が訪れている。日本社会はすでに物質的には十分豊かな社会に入っており，単純な物欲からモノを購入するということが少なくなってきている。例えば，自動車を例にとってみても，昔のようにカローラから出発していつかはクラウンに乗りたいというような一本調子の上級製品指向は少なくなってきている。要するに消費者も自分のライフスタイルや生活環境の中で欲しい商品やサービスを必要な時に購入するというパターンに変わってきている。別の言い方をすれば，放っておいても所得の向上とともに上級製品が売れるということはなくなってきた。

こうした経済環境では従来と同じ製品やサービスを工夫なく売り続ければ，消費者に飽きられてしまう可能性が極めて高い。あるいは，顧客が自動的に自社の中の高級品に上位シフトしてくれると思ったら大きな間違いである。これからは，顧客満足度を高める努力をして自社の製品なりサービスを再度購入してもらい，他社に浮気しないように工夫する必要性が増すばかりである。それを怠ると新しい顧客が取れないばかりでなく，自社顧客を失って売上・利益を減らしていくことになる。

2. 情　報　化

情報化がもたらすインパクトは2つある。1つは企業がIT(情報技術)を駆使して，顧客管理や顧客サービスの向上が可能になったことである。2つ目には，インターネット，携帯電話・スマホの普及によって消費者が情報武装化したことである。

まず企業におけるIT活用を見てみよう。従来であれば，企業が顧客を一人一人管理しようとすれば，営業マンが一人一人顧客台帳を作って管理するか，膨大な費用をかけて顧客管理や営業支援のための情報システムを構築するしか方法がなかった。ところが，PCの性能が大幅に向上し，ソフトウエア(アプリケーションソフト)が発展したお陰でそんなに膨大なコストを負担しなくても顧客情報をコンピュータに蓄えたり，引き出すことが出来るようになった。こうした顧客情報を巧みに使うことで顧客満足を高めたり，再購買の確率を上げることに成功している企業が数多く出てきている。化粧品メーカーの再春館では顧客が商品を使い切る頃に継続の購買を勧めたり，通信販売の通販生活では顧客の購買履歴に基づいて分野別の異なるカタログを送付することで効果を上げている。ビデオレンタルショップのツタヤでは，ITを活用して顧客の購買履歴を分析した上で，セグメント別や個人毎の嗜好をあぶり出し，それぞれが購入しそうな商品をプロモーションしている。しかもハガキなどではコストがかかるために，最近はそれを携帯電話を通じて個人にプロモーションを行い店頭での売上向上につなげている。

最近ではビッグデータという言葉に代表されるような膨大なデータを短期間に比較的安価に分析することで，今まで見えていなかった顧客の購買行動の分析も出来るようになった。

消費者の情報武装化について考えてみよう，例えば以前であれば自動車を買うときに，消費者は自動車メーカーの提供するテレビ広告や，自動車ディーラーからの情報，セールスマンの説明・カタログなどに頼るしか情報を入手する手段がなかった。ところが最近ではインターネットを使えば，自動車メーカーのサイトやディーラーのサイトから様々な情報を入手することができ，事前に必要な情報を得てからディーラーを訪問することができるようになった。あるいは，複数のメーカーの車の見積もりを実際にディーラーを訪問することなくネット上で入手できる仕組みも存在する。こうした動きは自動車に限らず，電気製品，化粧品，ファッション製品などでも同様である。加えて，インターネットやスマホ上でユーザーの声を集約した口コミサイトもあれば，個人が勝手に発信している企業に対してのコメントも数多く存在する。

となるとメーカーが消費者に与える情報を巧みにコントロールして，自社に有利なように消費者を操ることはほとんど不可能になってしまった。下手をすると消費者が他社の情報まで勉強したり，消費者同士で情報共有している分，企業よりよほど製品やサービスに詳しいという事態すら出現している。

企業の側も消費者が正確か不正確かは別として，すでにたくさんの情報を持っていると言うことを前提にビジネスを組み立てないと，消費者の信頼を失ってしまう。単に価格を安くして顧客を引きつけるやり方とか営業パーソンの説明能力や説得力を頼りにした売り方では顧客の気持ちをつかめないと言うことを示唆している。顧客は安さだけなら自分で情報収集して，最も安いところに逃げてしまうし，商品説明だけなら営業パーソンに聞かなくてもすむだけの情報を既に持っている。こうした消費者の情報レベルを理解した上で自社製品・サービスへの愛着を高める仕組みを取り込んでいく必要があるということである。

§2.　顧客ロイヤルティのメリット

企業が顧客ロイヤルティを向上させることのメリットをまとめてみると以下のようになる。

①　再　購　買
②　クロスセル
③　実現価格向上
④　顧客ニーズをより反映しやすくなる(商品開発)
⑤　新規顧客開拓(口コミ効果)
⑥　マーケティングコスト削減

①　再　購　買

自社の顧客が，自社の製品あるいはサービスを気に入って次回も自社製品を再び買ってくれる効果である。これは小売店であればたびたび自社店舗を訪問して他の競合店舗には行かないようになってくれることが理想であり，消費財であれば他社製品に目移りせずに自社製品のみを愛用してくれることが理想となる。非常にうまくやっている例として，東京ディズニーランド，乳酸飲料のヤクルト，トヨタ自動車などが挙げられる。

②　クロスセル

自社製品・サービスを利用するときに併せて他の関連商品や同じ店においてあるものを買ってもらう効果である。当然ながら，自社に対する顧客満足度が高ければ他の自社製品を併せて購買してもらえる可能性が高い。例えばホテルに宿泊したときにそのホテルのサービスや宿泊施設に満足していれば，レストランもついでに利用してもらえる。あるいは自動車の販売店であるディーラーに満足している人は，そこで自動車保険を申し込んだり，自動車の点検・車検を併せて利用することになる。あるいは銀行に信頼をおいている人が，投資信託や国債を購入するのに敢えて証券会社を利用せずに銀行窓口でそうした商品を利用するケースもこれに当たる。

最近では製品やサービスを特定メーカーや特定の規格に統一することで利便性が増す製品も増えているので，そうした場合も自社製品の満足度が高いか，シェアが高い場合は有利になる。例えばアップルのiPodを使っていれば，携帯電話もiPhoneにしようとする顧客も多い。その場合，音楽管理ソフトはiTunesを使う。いったんiTunesを使い始めると，他の音楽管理ソフトを使うのは面倒くさいと言うことになり，楽曲の購入もiTunes Storeからとなる。そして，場合によっては映画もiTunes Storeでレンタルしたり，購入したりするかも知れない。気がつくとオーディオビジュアル(AV)関係は，全てアップルに統一されているということが起こる。

③　実現価格向上

自社製品に対する顧客ロイヤルティが高まると，その製品なりサービスの価格は高止まりする。一旦１つの会社の製品に満足すると，顧客が他社製品では十分に満足できないために価格競争になりにくいためである。これはブランド製品の場合はもちろんであるが，日常製品でも多少の価格差であれば使い慣れた商品に手を伸ばしがちな消費者心理が存在する。アイスクリームのハーゲンダッツは競合に較べて高価格にもかかわらず，スーパーなどでも滅多に安売りされていないのは固定的なファンが多いからである。

さらに製品によっては高価格が顧客の満足度に直結している場合もあり，その場合は逆に価格を下げると逆効果になる場合すらあり得る。ルイヴィトンに代表される多くのブランド商品や高級車のメルセデスベンツなどがこれに相当する。

自社製品のマーケットシェアが十分高いか，あるいは現在の顧客数をこれ以上増やす必要がない場合には，顧客ロイヤリティは価格の維持あるいは向上に活用すべきである。

④　顧客ニーズの反映

これは全ての製品・サービスに当てはまるわけではないが，一部の企業は自社の優良顧客の声を商品開発に反映させることで，ヒット商品を出すことにつなげている。さらにこうした商品開発に参加した顧客は当然のように，自社の強烈なファンになるというおまけもついてくる。消費者は一般に声なき民と言われているが，ロイヤル顧客ほど，企業に対する思いは熱く，たとえ不満やクレームであってもそれをうまく吸い上げる仕組みさえ持てば結果として顧客満足につながることが多い。こうしたことを古くからやっている企業の例としては花王の顧客サービスセンターや資生堂のお客様センターが知られている。

⑤　新規顧客開拓

最近は新規顧客開拓のために，営業・プロモーションなどを強化してもコストばかり掛かって，ほとんど成果が上がらないというのが実情である。こうした中で，既存顧客の製品・サービス体験やブランド体験を新規顧客の獲得に上手につなげる企業が出てきている。もともと顧客満足度の高い企業であれば，企業が頼まなくても顧客が勝手に自社の宣伝をしてくれる。しかし，従来は口コミ情報は企業がコントロールできないものと考えられていた。

ところが最近こうした顧客情報を上手に利用して新規顧客の開拓や顧客ロイヤリティのさらなる向上につなげる企業が出てきている。例えば，化粧品会社のDHCでは商品同封のハガキを通じて顧客の声をコミュニティペーパーの形にまとめ顧客と企業との一体感を高めることに成功している。コミュニティペーパーを見て自分も参加したいと考え，DHCの化粧品を購入することになる新規顧客も多いとのことである。

他にもソーシャルネットワーキングサービス(SNS)と呼ばれるインターネット上のコミュニティを活用して，顧客ロイヤルティの向上に努めている企業は数多い。

⑥　マーケティングコスト削減

顧客ロイヤルティが高くなれば，いくつかの点でコスト削減につながる。1つ目は顧客獲得コストである。一般に既存顧客に対する営業コストは新規顧客獲得の数分の一から数十分の一で良いといわれる。まず既存顧客であれば，自社製品の認知は不要である。なぜなら既に使用して知っているからであり，さらに試用のための努力も不要となる。したがって，既存顧客のロイヤルティが高くなればなるほど需要創造コストは下がる。

新規顧客獲得コストについても，ブランドイメージが上がり潜在顧客にも企業イメージが浸透すれば当然ながら，マーケティング費用の節約になる。さらに口コミなどで新規顧客が増えていけば言うことはない。

またクロスセルが可能になれば，一度の営業努力でより多くの製品・サービス売上が上がることから，当然ながら，単位当たりコストは下がることになる。店舗であれば，面積当たり，店員一人当たりの売上が上がることになる。

このように顧客ロイヤルティ向上のメリットは多岐にわたり，簡単に計量化できないものが多いが，一言で表せば，顧客を囲い込むことで一人の顧客から獲得できる売上および利益が増大するということになる。

一方でネット社会の恐ろしさとして，正しい正しくないは別として悪い評判の拡がる早さと，それが定着してしまった後にくつがえすことの難しさが上げられる。したがって口コミ上の問題は，早期に対応することが重要なことは言うまでもない。

§3.　顧客ロイヤルティ維持・向上の方法論

ここでは，顧客ロイヤルティ向上を図るための方法論の中でユニークなものをいくつか紹介しよう。

①　消費者を商品開発に巻き込む

②　消費者と企業が一体となれる仕組みを作る

③　消費体験を重視
④　疑似通貨の導入
⑤　顧客を増やさない

①　消費者を商品開発に巻き込む

アスクルの例を紹介する。アスクルは主に中小企業向けの文房具・オフィス用品の通信販売で急成長した企業であるが，顧客の中で実際に文房具やオフィス用品を注文するのはOL達が多い。そこでこうしたOLの声を吸い上げる仕組みを作り上げることで，メーカーに対して積極的に商品開発のアイデアを提供し，それを商品化している。

例えば，冬場に足下を暖める足温器であるが，そもそもが自宅で使うことを想定しているために，通常は靴を脱がないと使用できない。ところが，OL達にとってはいちいち靴を脱いで使用するのでは面倒くさいし，人から呼ばれて立ち上がるときにすぐ行動に移れない。といって，靴を履いたままでは暖かさが伝わってこずに，使い物にならない。こうしたOL達の潜在ニーズをうまくくみ上げて，靴を履いたまま足を載せれば職場でも使える足温器をメーカーと共同開発したのである。これによって，OL達が「アスクルは自分たちの味方である」あるいは「自分たちの想いを商品化してくれる会社」ということで，固定的ファンになることはいうまでもない。

②　消費者と企業が一体となる仕組み

この実例としては，なんと言っても東京ディズニーランドが一番である。現在ではディズニーシーも含めて東京ディズニーリゾートと呼ばれているが，基本はディズニーランドで作られたものである。ディズニーでは顧客はゲスト，従業員はキャストと呼ばれるのは有名な話であり，キャストはゲストを喜ばすための仕掛け人として位置づけられている。もちろん，単なるコンセプトだけでなく，実際に顧客を満足させるアトラクションや，レストラン，ショップ，それを支えるインフラがあって始めて顧客満足につながるわけである。

東京ディズニーランド以外にも同様に顧客と企業を一体化させている例とし

ては，先に述べた化粧品のDHCが挙げられる。自分の意見がコミュニティペーパーに載ることで，顧客は自分も認められている，あるいは他人から注目されているという満足感を味わうことが出来る。

③　消費体験の重視

消費体験を重視するのは，最近の傾向である。顧客は製品そのものを買うのではなく，その購買行為あるいはサービスを受ける行為に重要な意義を感じている。

顧客満足度の高い企業ランキングで必ず上位に顔を出す東急ハンズであるが，私はこの店ほど，買い物を終わった人が満足な顔をして出てくる店を知らない。東急ハンズでは，顧客に商品の存在を聞かれても「ありません」と答えるなと従業員に指導しているそうである。もし自分の売り場にその商品がなければ，他の売り場を探してくれるし，東急ハンズになければ他で売ってる店まで探してくれるという。しかし，それだけが顧客満足の秘訣ではないであろう。そもそも膨大な品揃えを誇っている。しかも店員がそれぞれの分野のプロないしは，その商品が好きで好きでたまらない人が勤めている。そのため消費者はここに来れば必ず欲しいものが見つかる。もしここで見つからなければ，他に行っても見つからないと言うくらいの信頼感がある。これが顧客満足の大きな秘訣ではないか。

また主婦層に人気のある100円ショップ「ダイソー」を展開する大創の矢野社長が言っている。われわれは主婦のためのゲームセンターだ。100円玉数枚あれば主婦が思い切り好きなものが買える。あるいは生活必需品でないものを買う。すなわちつかの間の非日常に浸れる場所となる。そのためには常に驚きがないといけないそうである。したがって，100円でこんなものが買えるのだという驚きがなくなったときに店は活気をなくしてしまうと信じている。ダイソーでは100円で売れるものを探すのではなく，売りたいものを先に考えてからどうやったら100円で売れるように作れるかを考えるそうである。そこにこれまでの成功の秘訣がある。もちろん，東京ディズニーランドもこの消費体験を重要視している企業である。

④　疑似通貨の導入

これは簡単に言うと最近はやりのポイント制である。単に割引して価格訴求するのではなく，継続して購買してもらうために将来買い物に使える疑似通貨として顧客にポイントを付与するのである。

古くからある商店街などで発行しているスタンプカードやブルースタンプとの違いは，特定の景品や商品が与えられるのではなく，与えられたポイントをあたかも現金と同じように好きな商品の購買に利用できたり，希望の商品と交換できる点である。

ヨドバシカメラが始めたポイントカードは，現在ではほとんどの家電量販店で導入されるようになった。買った時点で割引されるわけではないのがみそで，次回もここで買わなければ権利の行使は出来ない。あるいは，少しでも高額商品を手に入れようと思えば，さらにその店で継続的に買い続けなければならない。エアラインのマイレージシステムも同様の仕組みである。一旦特定の航空会社でマイレージを貯め始めるとその航空会社か提携航空会社を利用しないとなかなかマイレージが貯まらず海外旅行の無料航空券などが手に入りにくくなる。そのために特定のエアラインに対する顧客ロイヤルティが高まると同時に，ショッピングでのマイルも貯めようとするためにそのエアラインのクレジットカードを通常の買い物でも使うことが多くなる。そのために例えばJALカードの一人当たり年間使用金額は，アメックスのような高額カードを抜いて日本一だと言われる。

最近では，企業をまたがって使えるポイントカードシステムが人気である。その代表例がCCCのTポイントカードである。元々はTSUTAYAの顧客向けの会員管理システムがベースとなっているが，業界を越えて会員情報の活用を目指している点に大きなポテンシャルを秘めている。

⑤　顧客を増やさない

最後の顧客を増やさないというのは，あまり顧客を増やしてしまうと顧客に対するサービスレベルが落ちてしまうので，顧客を敢えて増やさず今いる既存顧客に最大限のサービスをすることで，彼らの顧客ロイヤルティを高め再購買や価格維持につなげようとする考え方である。もちろん，人気レストランや街で人気のたい焼きやのように顧客の絶対数を抑えようとする企業もあるが，それよりは顧客層を絞り込むことで顧客のレベルを一定に保ち質の高いサービスを提供する企業の方が参考になるところが多い。

例えばブランドショップのブルガリやメルセデスベンツなどは，店構えからして普通の人お断りの姿勢が明確に出ている。これが彼らのブランドイメージを維持する1つの要因となっていることは間違いない。そこまで高級品でなくても，顧客を選択することで成功している企業に若者に人気のファッション店を展開するビームス(BEAMS)がある。彼らは東京や大阪のような都会でかつ原宿・新宿や梅田のような先端スポットにしか店を展開していない。地方からわざわざ買いに来る人が多いので，青森や四国のような地方にも店を出せばお客が来ることは分かっているが，あえて出店しないそうである。もし，ビームスの商品が欲しければ都会まで買いに来て欲しい，それだけの気持ちのある人にのみ売りたいという姿勢である。一時的なブームに乗らずに自分たちの感性にあった顧客のみを相手にしていきたいという考え方であろう。

もちろん業界や製品の特徴によって顧客ロイヤルティのメリットのどれが重要になるかは異なる。さらに企業によってどのメリットをもっとも強く狙うべきかは異なるべきである。

例えば食品や化粧品のように繰り返し購入してもらえるものであれば，再購買効果を狙うのが得策ということになるし，住宅や生命保険のように一生にそうそう繰り返して買ってもらえないものであれば，実現価格の向上や口コミ効果によるメリットを訴求すべきということになる。また市場が成熟化し，需要増がなかなか望めない業界であれば，顧客の組織化や新商品などを通じてブランド価値を高めて実現価格向上が狙い目となろう。また業界トップ企業であれば，新規顧客を増やすものより既存顧客の再購買，クロスセル，実現価格のアップを狙った方が効果が大きい。一方で，業界下位企業や新規参入企業であれば，新しい顧客獲得につなげる方策を考えた方が効果は大きいと言うことになる。

§4.「WIN-WINの関係」構築が成功のカギ

顧客ロイヤルティの基本は，顧客が満足できるかである。しかし，いくら顧客が満足する仕組みを作り上げたところで，それが企業にとって長期的なリターンをもたらすものでなければ，単なる企業の自己満足で終わってしまうか競争優位が築けずに，結局競争に敗れて長続きはしない。あるいは逆に顧客のロイヤルティを維持したり向上させるのに失敗すれば，せっかくのブランドイメージが消滅して競争優位性を失うケースも出てくる。

顧客の言うことをしっかり聞くことは大事であるが，顧客の言うことを何でも聞くから顧客満足度が高くなるかというとそんなことはない。例えば，東京ディズニーランドでは顧客が望むことでもディズニーランドの方針に反することは許してもらえない。例えば，せっかくの家族団欒なので，弁当をみんなで広げようと思っても禁止されている。さらに夕食くらいはお酒も飲みたいと思っても禁止である。ほとんどの場所で，たばこを吸うことが出来ない。となると結構顧客に犠牲を強いていると言えなくもない。しかし，あれだけ顧客満足度が高いのである。これは，そうした犠牲を顧客に強いたとしても，それを補って余りある価値を提供しているからであり，それは一言で言えば「非日常」の提供である。そして，非日常を味わうためには，これらの弁当やお酒やたばこは邪魔なのである。この事例は，企業は顧客に製品やサービスを提供するときに，単に性能の優れたものを提供するだけでなく，併せて自分たちの伝えたい信念・信条を持つことが大事なことを示唆している。

企業が顧客ロイヤルティを戦略の基本に据えようと思えば，企業(メーカー・流通・サービス)と顧客の間でいかにWIN-WINの関係を築けるかどうかにかかっていると言っても過言ではない。

顧客にとってその企業と付き合うことは特別の意味を持たなくてはならないが，一方で企業がその顧客と付き合い続けることで利益を上げ続けられる仕組みを同時に作れることが必要だと言うことである。

（内田　和成）

第3章
顧客満足のメカニズム

§1. はじめに

最近，顧客満足(Customer Satisfaction，以下CSと略称)というキーワードが企業経営で大きくクローズアップされている。

その背景としてまず挙げられるのが，それまでの競争のあり方への反省である(嶋口［1994］)。競争の時代ともいわれる80年代や90年代に企業経営の最大の課題は，競合他社に比べいかに持続的競争優位を築くかであった。しかし，競争が何のための競争なのかを改めて考えてみると，それは，最終的にはどれだけ顧客に満足を与え，どれだけ顧客維持や創造に貢献するかの競争でなければ意味がないことを多くの企業が再認識し始めたからである。

また，情報技術の進歩もCSを再認識させるきっかけになった(Peppers and Rogers［1997］)。情報技術を利用することで，従来マス・マーケティングに頼るしかなかった企業が顧客にワントゥワンで対応できるようになり，CSをより容易に実行できるようになったからである(1)。

しかし，CSがクローズアップされた直接のきっかけは，大企業の相次ぐ不祥事であった。東芝のクレームホームページ事件を始め，雪印乳業の食中毒事件，三菱自動車のリコール隠し事件など，過去顧客満足や顧客第一主義を経営理念として掲げてきた優良企業がCSではなく，その正反対の顧客不満や不信を起こす行動を行っているからである。特にこれらの行動は，特定の顧客の不満をもたらすだけでなく場合によっては企業の存続も危ぶむ事態まで起こしてしまう。

ドラッカーは「企業の存続のためには顧客の創造と維持が不可欠である。そのために必要な活動が顧客に満足を提供することである。CSとそれによる顧客の創造と維持こそ企業の使命である」と主張してきた(Drucker [1954])。しかし，一部の企業ではその認識が形骸化し，逆方向へ走ってしまうケースが増えている。

この章では，顧客はなぜ満足するのか，なぜ不満を感じるのか，またそれが企業にどのような結果をもたらすのか，などを検討する。またCSを高めるために，企業はどのように対応すべきなのかも検討する。

§2.　顧客満足のメカニズム：期待不一致モデル

CSとは，顧客が企業とのやりとりで高い満足を感じている状態をいう。過去の多くの研究では，「期待不一致モデル」でCSを説明している。期待不一致モデルは，知覚された成果が期待を上回った時，顧客は満足し，期待より低い場合は不満に陥るというモデルである。

このモデルをベースに，CSの発生メカニズムを説明する(次頁の図表3-1参照)。

説明を単純化するために線形の期待と成果に対する評価を想定する。直線Iは事前の期待を表わし，直線Kは事後の成果を表すことにしよう。そうなると満足と不満は期待と評価とのギャップなのでCの右側は不満のゾーンで，Cの左側は満足のゾーンになる。

しかし，そこそこの満足やそこそこの不満では顧客の心の中で妥協(専門用語では同化作用という)が発生する。例えばDのポイントで期待はd_1，成果はd_3なのでd_1-d_3の不満が発生するはずだが，顧客の心の中では「他のところも最近，対応が悪い」というような妥協が発生し，結局d_1-d_2の程度しか不満を感じなくなってしまう。満足も同じく，Bのポイントではb_1-b_3ではなくb_2-b_3の満足を感じてしまうのである。

図表 3-1　CS 発生メカニズム

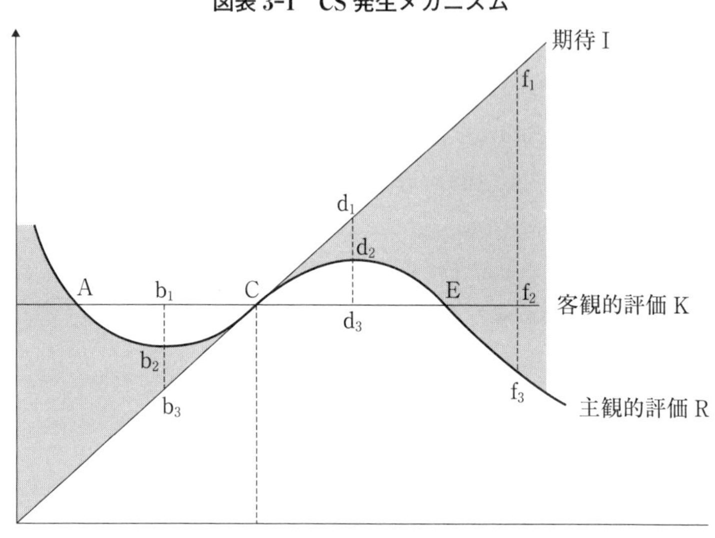

ところが，一定のギャップを越えてしまうと，顧客の心の中では妥協ではなく拡大(専門用語では対比作用という)が発生する。例えばFのポイントでは，実際は f_1-f_2 の不満が発生するはずだが，顧客の心の中では拡大が発生し，結局 f_1-f_3 の不満が発生する。

拡大と妥協の境目になるのがEのポイントである。Eの左のゾーンでは妥協が発生し，右のゾーンでは拡大が発生する。Eのポイントは，いわば「顧客がキレル」ポイントである。同じように満足のゾーンでもAの左側は拡大のゾーンで右側は妥協のゾーンである。また，Aポイントは，顧客がいい意味でキレルポイントになる。以上のように，顧客は最終的に期待Iと主観的評価Rとの差(図表 3-1 の色かけ部分)を満足および不満として感じるのである。

満足・不満のメカニズムでは，企業に高い不満を感じた顧客の中で，その不満を我慢せず，周りや社会に積極的に発信する顧客を「テロリスト」という。このような顧客は，企業が長い年月をかけて築き上げた信頼や評判などをいっきに崩すからテロリストと呼んでいる。[(2)]

一方，テロリストとは正反対に，非常に満足を感じて友人や社会にそれを発信する顧客を「伝道師」と呼ぶ。宗教の教理を伝える伝道師と同じく，企業や製品・サービスの良さを積極的に伝播する役割を果たすから，そう呼ばれている。

§3.　顧客満足の対応策

テロリストも伝道師もそれを作るのは結局企業である。では企業はCSを高めるためにどうすればよいのだろ。

1.　成果を高める

まず，成果を高めることが大事である。図表3-1で言えばKを高めることが，CSを高めることになる。ただ，期待を少し上回る成果では，そこそこの満足で終わってしまう。企業としては顧客の期待をはるかに超える成果を出さなければならない。図表3-1でいえば，いい意味で顧客がキレルAポイント以上の成果を提供しなければならないことである。これを感動という[(3)]。

感動の例として頻繁にあげられているのが，ディズニーランドにおけるお子様ランチの話である。ある日，夫婦がディズニーランドのレストランに入り，ランチを注文したという。その時，夫婦はお子様ランチも注文した。ディズニーランドの顧客対応マニュアルでは，大人が子供用のランチを注文するのを禁止しているので，対応スタッフはそれを伝えた。それに対し，その夫婦は自分の子供が去年亡くなり，その子供と一緒に楽しい時間を過ごしたディズニーランドでその子を偲ぶためにお子様ランチを注文したと答えた。スタッフはマニュアルに反してその注文を受けとるとともに子供用の椅子まで持ってきてその夫婦のそばに置いてくれたという。これが感動である。注文を受けとることはそこそこの満足をもたらすかもしれないが，子供用の椅子まで持ってくることで，期待をはるかに超える成果をもたらしたのである。

その感動をその夫婦が語り継げばその夫婦はディズニーランドの伝道師となる。また，その話しはディズニーランドの神話にもなるのである。

2.　従業員の資質を高める

企業が感動を提供し続けるためには，ディズニーランド・レストランのスタッフのような従業員をたくさん抱えればよい。では，従業員のどのような資質が重要なのだろう。これにヒントを与えてくれるのが，お客様相談室でのCS因果モデルである。

図表3-2は，あるお客様相談室の利用者を対象とするアンケート調査の結果が描かれている。そこにはCSに影響を及ぼす要因とその効果が表れている。

まず，お客様相談室へのCSは，その結果として「相談室に対する態度」だけでなく「企業に対する態度」も高める効果があることが調査結果から分かる。お客様相談室への満足は「相談室を再利用したいという意図」や「相談室の良さを他者に推奨したいという意図」のように「相談室に対する友好的態度」を形成させる直接的効果がある。しかし，お客様相談室への満足は相談室だけでなくそれを運営する「企業に対する友好的態度」が形成される効果もあるので

図表3-2　顧客相談室における顧客満足構造

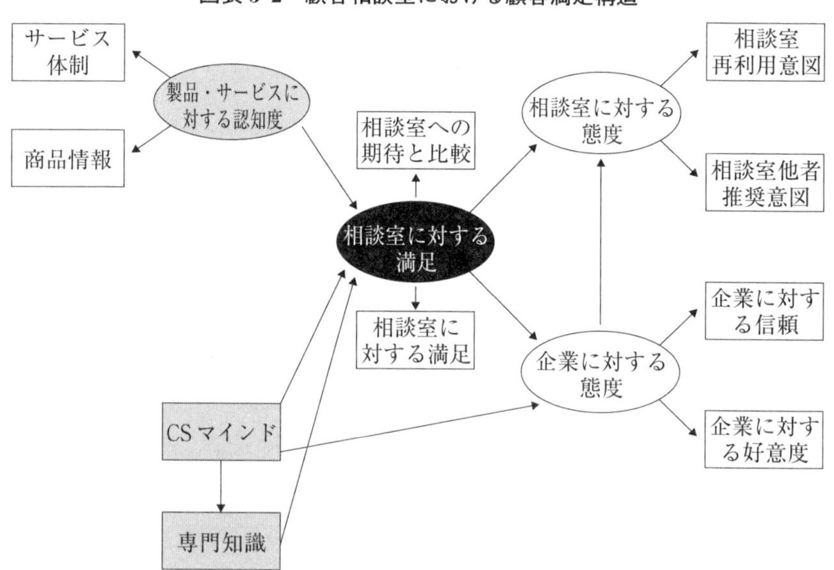

出所：高山・金［2002］より，一部改変。

ある。それは「企業に対する信頼度が高まったり」「企業に対する好意度が高まったり」する効果である。この結果は，顧客との接点でのCSが企業全体への評価に繋がっていることを裏付けている。先ほどの事例で言えば，ディズニーランドのスタッフの行動が彼女への評価だけでなく企業全体への評価に繋がっていることである。

以前から企業と顧客との接点は「真実の瞬間(The Moments of Truth)」と言われてきた。企業のありとあらゆる活動がその接点で全部表われ，企業の全活動の成果が実現できるからである。図表3-2のCSの結果は，その瞬間の重要性を物語っている。

一方，お客様相談室へのCSに影響を及ぼす様々な原因の中で「CSマインド」と「専門知識」，「商品・サービスに対する認知度」の3つの要因が確認できた。特に「CSマインド」の影響力の強さが証明されている。

まず，「CSマインド」が高ければ高いほどお客様相談室への満足度が高まる。お客様相談室の相談員が高いCSマインドを持って顧客に対応すれば，顧客の満足が高まるということである。ディズニーランドのスタッフのように，子供を失った親の立場に立って対応するその姿勢こそがCSを決めることを，この調査結果が裏付けているのである。

次に，「CSマインド」の影響力は「専門知識」にも及んでいることである。これは顧客が「CSマインド」が高いと認知した相談員は「専門知識」も高いと認知されることを意味している。逆に言えば，専門知識が少し低くても高いCSマインドを持っていれば，大した問題にならないことである。

大企業の場合，様々な製品を抱えているので相談員が全製品に関する高い専門知識を持つことは非常に困難である。その場合，顧客の立場に立って顧客の不満を我慢強く聞いてくれるとか，きちんと調べてから返事し直すことを伝える，などの対応で十分であることを図表3-2の調査結果が示しているのである。

3番目の「CSマインド」の影響力は「企業に対する態度」にまで及んでいることである。「CSマインド」が相談室に対する満足に影響を与えるばかりでなく，「企業に対する信頼」や「企業に対する好意度」で測定された「企業に対する態度」にも直接影響していることである。顧客との接点での対応が，企業に対する信頼や好意度にまで影響を及ぼしていることが再度確認されたのである。

3. 顧客に期待をもたせすぎない

CSを高める次の方法は，期待を管理することである。成果が非常に高くても，顧客の事前の期待があまりにも高い場合，不満になってしまうからである。そのため，過剰宣伝や過剰広告などで期待水準だけを高めることを企業は避けるべきである。(4)

4. 顧客に不満を言わせる

CSを高める4番目の対策は，顧客が不満を企業に言える機会を増やすことである。不満を発生させないのが企業の最大の課題であるが，顧客はなんらかの形で不満を感じる場合がある。しかし，一般に顧客はその不満を企業に言わない。その代わりに，周りの人に不満を言うか，次回からは別の企業の製品を買ってしまうのが普通である。図表3-3のグッドマンの法則では，不満を持っている顧客の60%がそのような行動をとっている。

その場合，企業は3つの損失を被るようになる。1つ目は，せっかく獲得した顧客を失ってしまう損失で，2つ目は，不満の原因を放置してしまうことでより多くの顧客の不満を生み出してしまう損失で，3つ目は，不満が口コミで広がり，潜在的顧客を失ってしまう損失である。

そのため，顧客が我慢するより，手軽にそれを企業に言える機会を企業が提供するのが重要である。フリーダイヤル電話やFAX，お客様相談室，意見箱，意見はがき，e-mail，インターネットなどの多様な媒体が利用できる。

次に企業の重要な対策は，顧客からの不満を迅速に処理することである。企業に不満を言う顧客に対して企業が上手く対応できると，顧客のロイヤルティがより高まる傾向がある。図表3-3のグッドマンの法則では迅速に解決できたら再購買率が82%にもなる。しかし，解決に時間がかかってしまうと再購買

図表3-3　グッドマンの法則

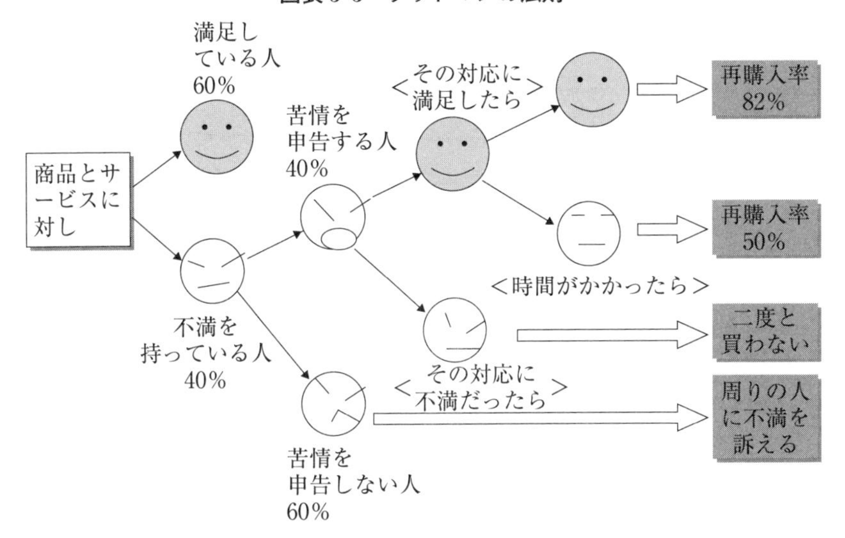

率は50%に下がり，最悪の場合，二度と買わないかテロリストになってしまう。

特に，不満を企業に言ってくれる顧客は，顧客の中で勇気のある顧客である。わざわざ時間を使って言ってくれるからである。そのような顧客の声は，企業にとっていわば「顧客からの贈り物」である。企業はそれを生かして製品の成果を高めたり，顧客対応を改善したりする必要がある。

§4.　む　す　び

ドラッカーが主張したように「CSとそれによる顧客の創造と維持は現代企業の使命」である(Drucker［1954］)。企業は，以上で検討したように様々な措置をとり，CSを高めなければならない。しかし，顧客の変化がそれをますます難しくしている。

まず，顧客の態度の変化があげられる。以前，顧客は満足や不満があってもそれを胸の中に収めているか我慢していた。せいぜい，周りの人に伝えるか，強い不満の場合は行政に訴えるくらいであった。ほとんどの顧客がいわばサイレント・マジョリティ（Silent Majority）として存在していた。

しかし，最近の顧客は満足も不満もより積極的に表現するようになった。その変化は，インターネットやSNS（Social Networking Service）のような新たな表現手段を手に入れることによってより加速している。

企業と顧客との関係は従来の上下関係から対等な関係に変わった。また，インターネットのような新たな表現手段がそれを後押ししている[(5)]。

顧客は新たな現実を目のあたりにし，より積極的に行動するようになった。サイレント・マジョリティがマイノリティになり，行動する顧客がマジョリティになったのである。

もう1つの顧客の変化は，顧客の期待が過去より高まったことである。図表3-1のメカニズムで言えば，期待Ⅰの角度が大きくなったことである。その結果，顧客は以前より，いい意味でも悪い意味でもキレやすくなったのである[(6)]。

顧客の期待が高まった背景には企業側の努力と顧客側の経験がある。今の企業は，CSを高めるために努力している。また，企業間競争がそれをますますエスカレートさせている。企業側のこの動きで，顧客はますます高いレベルの製品やサービスを経験するようになっている。顧客は，以前は考えられなかったレベルの製品やサービスを受け，次はより高いレベルを期待するようになる。企業と顧客とのこのスパイラルなやりとりが顧客の期待を一層エスカレートさせている。

この傾向は特に評判の高い，トップ企業により重いプレッシャーを与えている。評判のいい企業やトップ企業に対し，顧客はより高い期待を持つからである。そのため，それが満たされなかった場合，顧客はより一層怒り，時にはテロリストになってしまうのである。

最先端で先駆的な取り組みが逆に顧客の期待を高め，ほんのわずかな対応ミスでも不満を感じさせやすくし，普通の企業だったら妥協するはずが，評判の企業だから逆に許せないことになる。

このように顧客がますます高い期待を持つこととなり，それによって企業のCS対策もますます難しくなっている。企業がCSを高める措置をとればとるほど顧客は満足するが，それがまた期待を高め，より高いCS対応策を取らなければならなくなるのである。これがまさに「CSにおける自転車操業」である。しかし，CSが企業の使命である以上，これは企業の宿命でもある。特に評判の高い企業やトップ企業にとってはますます重くのしかかる宿命である。

<注>

（1）　CSがクローズアップされた他の理由としては，①景気低迷で新規顧客の開拓より既存顧客の維持がより重要な経営課題になっていること，②既存顧客に高いCSを提供するのが効果も効率もより高いこと，③消費経験を通じて顧客が高い期待をもっていること，④競合企業もCSにより重点を置くこと，⑤ネット時代の到来とともに顧客がより積極的に行動すること，特に分からない事があれば直ちに質問するし，気に入らないことがあれば正面から苦情を突きつけるか，口コミやネットなどで発信する顧客が増えていること，などがあげられる。

（2）　企業自らテロリストとなり，長年築き上げた会社の信頼や評判を崩してしまう例が最近増えている。雪印乳業の食中毒事件で記者会見したある幹部は「事件についてお客さまのためという価値基準がいつの間にか優先順位が下がり，効率優先になってしまった。モラルの変化が最大の原因」としながら，「失われた信用は金額換算できない。先輩以来，築いてきたものを失った」と厳しい表情で語った。

（3）　企業にとってもっと大事なのは感動を持続的に提供することである。これが信頼である。満足や感動が日常的に行われ，顧客が「あそこに行けばいつも満足や感動が得られるだろう」という安心を企業が保証することである。

（4）　無論，期待水準を管理することは期待を低めるという意味ではない。期待が低ければ顧客は最初からその製品を購入しないからである。

（5）　満足を感じた顧客も新たな表現手段を利用し，より積極的に発信するようになった。

（6）　これによって，図表3-1で言えばAからEまでのゾーンがますます狭くなって，サイレント・マジョリティがマイノリティに，伝道師やテロリストがマジョリティになったのである。

≪参考文献≫

嶋口充輝［1994］『顧客満足型マーケティングの構図』有斐閣。

清水　聡［1999］『新しい消費者行動』千倉書房。

高山美和，金顕哲［2002］「顧客相談室における顧客満足」『組織科学』。

Carlzon, Jan［1987］, *Riv Pyramiderna*, Albert Bonniers Forlag AB, 堤猶二訳

［1990］『真実の瞬間』ダイヤモンド社。
Drucker, Peter F.［1954］, *The Practice of Management*, New York：Harper and Row Publishers,
Peppers, Don and Martha Rogers［1997］, *One to One Future：Building Relationships One Customer at a Time*, Bantam Doubleday Dell Pub, ベルシステム訳［1998］『One to One マーケティング』ダイヤモンド社。

（金　顕哲）

第Ⅱ部

事例編（リアルロイヤルティ）

第4章 《コメダ珈琲》「受動型かかわり」による顧客ロイヤルティの獲得

§1. はじめに

名古屋と言えば，味噌カツ，ひつまぶし，あんかけスパゲティなど，独特の食文化で知られている。同地は喫茶店の激戦区でもあり，飲食店の5軒に1軒は喫茶店とも言われているほどである[(1)]。一説には，織田信長の茶道好きに端を発して，古くからお茶を飲む習慣が根付いており，喫茶店文化も発達したのだとか。そんな名古屋を代表する喫茶店として，同地域住人の多くが真っ先に挙げるのは，スターバックスやドトールではなく，「コメダ珈琲」である（図表4-1）。

1962年に名古屋で誕生したコメダ珈琲は，全国500店舗以上を展開するコーヒーショップである。名古屋地域の顧客のトップオブマインドを占めているだけでなく，全国的にも評判は上々である。サービス産業生産性協議会の

図表4-1　会社概要

会社名：株式会社コメダ
所在地：愛知県名古屋市東区葵三丁目12番23号
事業内容：コーヒーショップおよびフランチャイズチェーンの経営
創　業：1968年
資本金：1億円
店舗数：コメダ珈琲店　552店舗
おかげ庵　　　9店舗（2014年2月末現在）

2012年度の顧客満足度調査では，カフェ業界のナンバーワンに輝いた。しかし，コメダ珈琲の成功要因を語るのは意外に難しい。

例えば，コメダ珈琲の看板メニューは，大きめの焼き立てデニッシュの上にソフトクリームとシロップがかかった「シロノワール」というオリジナル商品である。また，トーストとゆで卵のおまけがついたモーニングサービス，小倉トースト，味噌カツサンドなど，名古屋特有の食文化を取り入れたメニューも，全国的にみれば物珍しさがあるだろう。しかし中京圏に限ってみれば，こうしたフードメニューは他の飲食店でも扱っており，それほどの特別感はない。しかも，コメダ珈琲は基本メニューを40年以上ほとんど変更していないのだ。シロノワールが名物だとしても，常連客にとっては「いつもある馴染みの商品」という位置付けでしかない。

それでは，コーヒー専門店ならではの特徴を訴求しているかと言えば，そうでもない。たしかにコメダ珈琲は「コーヒーを大切にする心から」をモットーに，豆を厳選し，自社で焙煎し抽出したブレンドコーヒーを提供している。しかし，何種類ものコーヒー豆を取り揃え，淹れ方を工夫するなど，コーヒーに関する専門性の高さを訴求しているわけではない。つまり，提供している商品そのものが満足度の決め手になっているとは考えにくいのだ。

価格に目を移すと，ブレンドコーヒーは400円前後である。セルフ式コーヒーチェーンやファーストフード店ほど安くはないが，高級コーヒー専門店やホテルの喫茶ルームほどの高さではない，という位置づけになるだろう。お金のない学生にはやや高めだとしても，多くの人にとって，高すぎるから気軽に利用できないレベルではない。

顧客を惹きつけているのは，面白い広告宣伝や，話題性のあるキャンペーンだろうか。実は，コメダ珈琲はコミュニケーション活動にあまり力を入れておらず，ホームページの開設でさえ後手に回った。ホームページを立ち上げた後も，コンテンツがいつまでも「工事中」であることにしびれを切らしたマニアの顧客が，店舗の所在地リストをわざわざ作成し，個人のウェブで公開していたほどである。フランチャイズ店が99%を占めるコメダだが，以前はフランチャイズ加盟店も正式に公募していなかった。コメダ珈琲にほれ込んだ後のオーナーたちが創業者に頼み込んで，一定期間，OJTをした後に自分の店をオープンさせるケースがほとんどだった。

喫茶店の中には，居心地の良さを売りものにしているところもある。例えばスターバックスは，自宅，職場・学校に次ぐ第三の居場所，「サードプレイス」というコンセプトで知られている。コメダ珈琲の店内をみると，木目調の温かみのあるログハウスのような佇まいで，ノスタルジックな赤い椅子が置かれ，たしかに居心地の良い空間を提供している。しかし，スターバックスのように洗練されたおしゃれな雰囲気ではなく，尖った特徴になっているとは言い難い。

このようにみていくと，全体的には何の変哲もないオーソドックスな喫茶店という印象を持たざるを得ない。にもかかわらず，コメダ珈琲に老若男女が足を運び，熱烈なファン層まで獲得しているのは，実に不思議なことである。

その秘密を探るために，本章で考えていきたいキーワードが「受動型かかわり」である。顧客とのリレーションシップを築きたければ，顧客データを収集・解析し，それをもとに適切な施策を考え出し，あの手この手で顧客に積極的にかかわろうとするのが，マーケティングの一般的なセオリーである。しかし，コメダ珈琲におけるリレーションシップのあり方はそれとはまったく違う。本章では，コメダ珈琲にみられる「受動型かかわり」がどのようなもので，それがなぜ顧客ロイヤルティの獲得につながるかを考えていこう。

§2.　コメダ珈琲の特徴

1.　喫茶店市場の概要

コメダ珈琲を取り巻く経営環境を理解するために，まずは業界の状況を概観してみたい。喫茶店市場は1982年の1兆7,396億円を頂点に，年々減少を続けてきた。公益財団法人食の安全・安心財団の外食産業総合調査研究推計によると，2012年の市場規模は1兆197億円と，ピーク時の6割となっている[(2)]。

市場規模の削減とともに喫茶店数も大幅に減ったが，昔ながらの個人経営によるフルサービスの喫茶店が淘汰された背景には，セルフ式コーヒーショップが登場して，市場を席巻してきたことが挙げられる。

時代を遡ること1980年，ドトールが東京・原宿に安価なドリップ式ブレンドコーヒーを提供するセルフサービス形式コーヒーショップをオープンさせた。その後，カフェ・ベローチェやプロントなど，セルフサービス形式コーヒーチェーンが伸びていった。

この業態はさらに広く普及することになるが，それは1996年に，北米で大成功を収めたスターバックスが日本に進出したことが大きい。スターバックスの成功に倣って，同じようにエスプレッソを主力商品とし，テイクアウトや歩き飲みが可能なシアトル・スタイルのタリーズ，焼き立てパンを目玉とするサンマルクカフェなど，新規参入が相次いだ。その結果，同業界は現在，1,000店以上を展開するドトールとスターバックスを2強として，上位10社で売上高の6割強を占める構造となっている(3)。そのうえ近年では，ハンバーガーチェーン，コンビニエンスストアなど異業種の企業がコーヒー市場に参入し，カフェを併設したり，淹れたてコーヒーを店舗で販売したりしている。

このように競争の激しい経営環境の中で，セルフサービス形式ではなく，昔ながらのフルサービスの喫茶店チェーンで躍進してきたのが，コメダ珈琲である。2014年時点の店舗数ではタリーズを抜いて，業界3位に躍り出ている。

2. 沿 革

コメダ珈琲はもともと，1968年に加藤太郎(前会長)が名古屋市で開いた個人経営の喫茶店から始まった。加藤の実家は米屋であり，「米屋の太郎」にちなんで「コメダ」と名付けたそうだ。東京や大阪と比べて，名古屋は大都市ではあるが人口密度の低いエリアなので，お客さんがすぐに立ち去るような店舗は，名古屋では成り立たないと加藤は考えていた。そこで，回転率を優先させる店ではなく，地域の人たちがゆったり過ごせる場所をつくり，常連客になってもらうというコンセプトを掲げた。

1970年からは，フランチャイズ店も展開し始める。1993年には株式会社コメダを設立し，中京圏を中心にフランチャイズ展開を本格化させた。2003年には関東地方，2006年には近畿地方にも進出した。その後，2008年に投資会社アドバンテッジパートナーズがサービスを提供するファンドに事業を承継すると，出店エリアが全国へと拡大した。2013年には，アジア系投資ファンドのMBKパートナーズがコメダの株式を取得し，店舗は34都府県500店以上へと広がった。喫茶店チェーンのほかに，甘味所「おかげ庵」という業態も展開している。将来的に中国，韓国，台湾などへの進出も視野に入れながら，積極的に多店舗展開を進めようとしている。

3.　客層と接客対応

コメダ珈琲の営業時間は朝7時から夜11時までである。喫茶店で朝食をとる文化のある名古屋では，出勤時間に合わせて朝早くから営業を開始する店が多い。7時半になると，コメダ珈琲の店内は常連客で一杯になる。顧客の目当ては，コーヒーを頼むと，トーストやゆで卵が無料でついてくるモーニングである。常連客はだいたい同じ時刻に来店し，決まった席に座り，頼むメニューもほぼ同じである。長年働いている店員は常連客の好みを覚えていることが多く，顧客が「いつもの」と言うだけで，パンを厚切り，薄切り，耳切りなど好みの切り方にしたり，バターを少なめにしたり，コーヒーの熱さや量を加減してくれる。

その後も，客足は途切れない。午前中にはご近所の高齢者，昼時には子連れの主婦たち，午後はサラリーマンの打合せ，夕方は勉強をする学生などがやってくる。年代別構成は，20代11%，30代22%，40代21%，50代22%，60代24%とほぼ均等だが(2012年時点)[(4)]，それぞれが来る時間帯は違っているのが1つの特徴だ。こうしてあらゆる年齢層を取り込んでいることは，一般のセルフ式コーヒーチェーンとの大きな違いとなっている。

子供向けにオリジナルのグラスを用意したり，高齢者の食べやすい切り方にしたりと，相手をみながら接客していく。どこまできめ細かく対応するかは，マニュアルで定められているわけではなく，店舗の裁量で行っている。時には，客と店員の隔たりなく，世間話に花が咲くこともある。しかし基本的には，いつ来ても同じサービスが受けられるように，土日のピーク時に対応できないことはやらないという方針をとっている。

キャンペーンやイベント等の販促活動が少ないのも，「いつ来ても同じ」という日常性を重視しているからである。珍しいものや話題性のあるものなど，特別な何かを目指してやって来る顧客が集中して店舗が混雑するようでは，いつもと同じように 1 人で静かに過ごしたい，友人とのんびり話をしたいなどの目的でやってくる常連客を遠ざけてしまうことになる。

4. 顧客にとってのコストパフォーマンスの良さ

コメダ珈琲のフードメニューは，名前に反してピラフやカレーなどのお米を使った，喫茶店のランチのいわゆる定番メニューはない。サンドイッチ類や揚げ物などのプレート類が主体である。ただし，基本的にどのメニューもボリューム満点である。ウェブなどの書き込みをみると「メニューでみるよりも一回り大きかった」という感想が多く，看板メニューのシロノワールを 2 人で分けて食べる光景もよくみられる。

ターゲットを絞り込まず，間口を広く，敷居を低くするビジネスにするため，どのフードメニューも尖ったものはない。だれもが一度は食べたことがあり，10 人食べれば 8〜9 人がおいしいと感じる味付けにしている。コーヒーにしても，苦すぎたり，酸味が強かったり，薄すぎたりしない。よい意味で個性のない，万人に好まれる味となっているのだ。

朝 11 時までのモーニングだが，午後になるとコーヒーに豆菓子をつけたり，コーヒーのトッピングのクリームを多めにしたりと，ちょっとしたサプライズも用意している。店側が損をしても，顧客のお得感につながることであれば許容する方針をとっており，遊び心を大切にしているのだ。

実は，個々のフードメニューの単価は 500 円前後で，飲み物と合わせれば 1,000 円前後になるため，安い価格とは決し言えない。しかし，こうしたプラスアルファによって，「お値打ち感」が大好きな名古屋人の気質に十分に応えるサービスとなっている。リピート顧客向けには，9枚つづりのコーヒーチケットを販売している。有効期限がなく，モーニングサービスにも適用できる。また，珈琲だけでなく，紅茶やソーダ水などにも適用できる。

見せかけの「お値打ち感」ではなく，原材料や備品にもこだわっている。例えば，パンにはグレードの高い国産小麦を用い，卵や牛乳，野菜なども顔のみえる事業者から調達し，おまけにつける豆菓子に至るまで原材料を厳選している。食べてまずいものは，いくらおまけだとしても，嬉しさは半減するばかりか，メインの料理まで悪い印象になりかねない。それは，創業者がある中華料理店での経験から，身をもって学んだことだという。こだわるところにはお金をかけるため，原材料費は比較的高めである。

5.　長居による常連客化

コメダ珈琲の創業時から一貫しているコンセプトは，長居を許容して常連客を増やすことである。リビングのようにゆったりと落ち着ける空間を提供するために，内装もゆったりできるように4人席を多く配置し，他の客と相席してもらうことはない。解放感を持たせつつも，隣の席の客と目線が合うことのないよう，さりげなく仕切り板が張られている。ベロア調のソファは，長時間座っても身体に負担が少ないように，弾力や角度など徹底的に座り心地を重視している。カフェほど洗練されていないが，ダサくはない。そして，純喫茶ほどのレトロな渋さもない。つまり，万人がゆったりとくつろげる絶妙な空間になっているのだ。

20種類の新聞や雑誌を用意してあり，自由に読めるようにしたり，コーヒーが冷めにくい分厚い有田焼のコーヒーカップを採用したりと，長居を前提にして細部まで配慮が行き届いている。店員がしょっちゅう水を補充に来ることもなく，適度に放ったらかしにしてくれることも，長居のしやすさにつながっている。その結果，顧客の滞在時間は平均1時間以上となっている。

なお，おしゃれなカフェでは，洒落た制服の店員に迎えられることが多いが，コメダ珈琲の店員の服装は，黒いエプロン，白いポロシャツ，三角巾と至ってシンプルである。これも，顧客が家から起きぬけに，ラフな格好で気楽に足を運べるようにするためのコメダ流の気配りである。

6. 手堅い名古屋商法

質素で堅実，保守的で排他的(地縁や血縁の重視)，地味だがモノづくりに優れている，一点豪華主義，ユニークさなど，東京や大阪とはまた一味違う「名古屋商法」が注目されることがある。コメダ珈琲の商売にも，そうした商いの精神が随所に反映されている。回転率を追求せずに長居を許容し，お値打ち感を出すなど，一見するとコスト高になりそうなやり方をとっているにもかかわらず，営業利益率が約17%と，スターバックスやドトールに比べても高い(10%前後)結果となっている理由の一端も，名古屋商法で説明できそうだ。

例えば，コメダ珈琲の食材アイテムは約20種類であり，同じ規模の飲食店に比べるとかなり少なく，ある意味，質素である。モーニング用に用意したゆで卵が残れば，サンドイッチに使う卵ペーストに利用したり，形の悪いトマトはピザ用に回すなど，食材の種類を絞って様々なメニューで無駄なく使いきることで，在庫ロスや廃棄ロスを抑えている。

比較的シンプルなメニューにすることには，他にもメリットがある。仕込みは開店前に全員で行い，後は組み合わせるだけなので，調理師スタッフは少人数化できるのだ。加えて，一定のピーク時に混雑する店では，その時間帯にアルバイトの人数を柔軟に増減させる必要がある。しかし，客足が常に途切れずに，ピークが比較的なだらかであれば，人員配置の最適化がしやすく，人件費も抑えやすい。

ところで，質素な面がある一方で，フランチャイズの初期投資は意外に高いという。オーナーの意欲を試す，踏み絵的な意味合いがあるのかもしれないが，使うべきところには大胆に投資をする一点豪華主義的な気風ともとれなくない。実際に，細部にこだわり抜いているため，設備や備品にはかなりお金をかけている。尚，店舗売上に連動せず，席数に応じた定額のロイヤルティ制度を採用し，売上が伸びれば利益に直結しやすい仕組みにしているので，平均すると

5～6年程度の期間で初期投資を回収するケースが多いと，同社のホームページ上で説明されている。

創業者の加藤は，リサーチなどのマーケティング活動をしない，他社をみないという方針を持っていた。他社をみたり，瞬間的な情報に踊らされたりすると，自社のやっていることにブレが生じてしまうからである。ウサギとカメの競争であれば，毎日当たり前のことコツコツとやり続けるカメになれ，というのが加藤の口癖だった。また，OJTによるフランチャイズ研修では，食器の洗い方，作業手順や作業時の導線に至るまで，物を大切にし，無駄なく効率よく働くように指導され，「もったいない精神」が伝授されたという。

40年以上基本メニューを変えない保守性，トレンドに左右されない一貫性など，名古屋の喫茶店文化の中で揉まれて培われた経営方針が，コメダ珈琲の独特の雰囲気につながってきたことは間違いないだろう。

§3.　安らぎ空間サービスの創出

ここまでのコメダ珈琲の説明から，名古屋商法をベースに創業者の個性が加わった独特の手法で運営されていること，それが全体として居心地のよい空間の醸成に役立っていることは感じ取れる。しかし，常連客層が形成されているのは，特別な理由があるからではない。どちらかといえば過不足がないからといった消極的な理由で，何となく足が向き，いつの間に何度も訪れていた，というのが実態に近いように思われる。

コメダの常連客からは，「何かわからないけれど安らぐ」「ここにいるのが日常」「気が付いたらいる，という感じ」といった感想がよくきかれる。なぜこのような表現が出てくるのか，それを明らかにするため「非分節性」，「個別性」，「相互作用性」という観点から，従来のアプローチとの違いに迫ってみよう。

1. 分節性

マーケティング戦略では，市場をセグメンテーション(細分化)して，その中からターゲットを定めてニーズを明確にし，それに応えつつ他社との違いが鮮明になるようなコンセプトを作り，そのコンセプトにふさわしい商品，価格，販促活動などのマーケティング施策を組み合わせていく。言い換えると，まず「何をやるか」を明確に決めて，合理的な計算をして，できるだけ効率的に最大の効果を出すよう検討される。

例えば，その王道を行くのがスターバックスである。スターバックスは，コーヒーの味へのこだわりを持った大人の客がくつろげる店として，「サードプレイス」というコンセプトを打ち出し，それに沿って，商品，価格，パッケージ，よく訓練された店員によるサービス，洒落たインテリアや家具類，完全禁煙制，ワイファイの整備など，すべての要素を整合させて，モダンで都会的な空間を創り出している。顧客は，そうした店舗の雰囲気の中に身を置きたいと思い，スターバックスに足を運ぶ。

コンセプトが明確で，それに魅力を感じる顧客層が満足するような，エッジの効いた施策が講じられているので，店内を見回すと，「どうみても場違いだ」「勘違いしている」と思われるような顧客はいない。スターバックスの雰囲気になじむ顧客が見事に選別されているのである。コンセプトやターゲットを明確にすれば，そこに資源を集中させ，効率的に最大の効果を狙えるが，そこには選別や排除という側面も潜んでいる。それはコンセプトにより，提供する価値が「分節」されるからである。

一方，コメダ珈琲をみると，セグメンテーションやターゲティングの概念は不明瞭である。実際，年齢分布はほぼ均一であり，老若男女を問わず，誰でも受け入れ，選別や排除は行われていない。

そして，スターバックスのような明確なコンセプトも見当たらない。結果として，コメダ珈琲が提供する価値は，「ほどほど」としか表現しようのない，中間レベルのものである。木のぬくもりを残した空間は，相当なコストをかけているものの，お洒落とはいえず，しかしながら，ダサくはない。主力の珈琲は，良い豆を使い，素材にはこだわっているものの，特別おいしくもないが，まずくもない。フードメニューもやはり小麦など素材にはこだわりを持っているが，舌鼓を打つほどではなく，しかし，無論まずいわけではない。店員のユニフォームも，清潔感はあるものの，決してお洒落とはいえず，ただ，お洒落な人が批判するようなファッションでもない。また，店員の接客サービスは，きびきび動き，先回りして満足を高めるといったことは全くなく，極めて受動的で必要最低限のサービスを提供している。フレンチレストランなどでみられる接客教育を受けたサービスからはほど遠いが，だからと言って悪印象は全くない。

このように，コメダ珈琲の提供する価値は，「先端アートが飾られたアメリカン・モダンに徹したシャープな空間」，「豆，焙煎，抽出すべてにこだわった珈琲」，「遠くからでもそれを目当てに訪れたいロールケーキ」，「アルバイトになって一度は着てみたくなる可愛いユニフォーム」，「かゆいところにも手が届く究極のサービス」といった尖ったコンテンツではなく，「～ではないが，～でもない」といった，ほどほどの中間ポジションとしか表現できないものである。

だから，起きぬけのすっぴん姿やラフな格好でも気軽に足を運ぶことができ，逆にお洒落なファッションで入店しても場違いな印象を与えることなく，その場に溶け込むことができるのである。顧客は，このほどほどのサービスに安心感，安らぎを覚えているという。

確かに，スターバックスのようにコンセプトが明確になっていると，そこにマッチする人，状況では，高い満足が得られるだろう。しかし，ニーズは人によって異なり，また，同じ人であっても，気分によって，その瞬間ごとにニーズは変わっていく。あるときはスターバックスに行きたい気分かもしれないが，いつもそうだとは限らない。自分が何を求めているのか，よくわからないことさえ多々ある。究極的に言えば，ニーズなど把握できないし，ニーズに対応する完全なサービスなどはないのかもしれない。その前提に立つならば，ニーズを限定せず，分けずにすべてを受け入れるというコメダ的，ニーズ非分節的なアプローチの介在する余地が出てくる。

コメダ珈琲に行く顧客は，特定の気分や特定の目的を持っていくよりも，何も考えず，まるで家庭の延長線上のように自然に足を運ぶ。どんな気分のときでも，コメダ珈琲に行けばいつもの変わらない風景がある。そして，誰でも排除されずに，受け止めてもらえる。これは非分節的なアプローチだからこそ可能になる。

コメダ珈琲の商品ラインナップが，10人中，8～9人が満足するものになっているのも，非分節的な性質をよく表している。嗜好の異なる老若男女を受け入れようとすれば，万人受けする平均路線をとることになる。尖った特徴は出してはいけないし，変わったことをしてはいけない。これは，いかに差別化してユニークな価値を提案するかを考えるマーケティング戦略では考えにくいことだろう。

変わったことをしなければ，顧客は何か特別なものを期待することはない。「いつも同じ」であっても，顧客の期待を裏切ることがないのだ。それが多くの顧客の安心感につながり，顧客はやすらぎを感じ，自然体で過ごすことができるのである。

2. 個 別 性

コメダ珈琲は，現場，を大切にする。その場，その場で臨機応変に対応することに長けている。同社にもマニュアルは存在する。その内容は共有されるものの，店員はそれを最低限の方針と受け取り，現場を大切にする。通常はのんびりとした和やかな雰囲気を持っているが，客が飲料をこぼしたり，床にフードを落としたり，あるいは，気分が悪くなったりすると，人が変わったように迅速に対応する。普段のんびりしている分，そのギャップが大きく，これが非常に頼もしく感じ，安心感につながる。顧客は，いざという時には何とかしてくれるだろうという印象を持つのである。

高級フレンチレストランに典型的な例がみられるように，サービスのプロフェッショナル教育を受けたスタッフが提供するサービスは，隙がない。動作には無駄がなく，テキパキと効率的に動き，スマートである。口調もハキハキとし，適度なスピードとボリュームで，美しく正しい言語を発する。丁寧な態度で，必要に応じて適切な笑顔を表現し，老若男女に好感を抱かれる。まさに，最高レベルのマニュアルを徹底的に叩き込まれた，あらゆる場面で高いパフォーマンスが約束される普遍的な接客サービスである。強いて表現するならば「気持ちのいい」サービスということになるだろうか。

一方，先に説明したコメダ珈琲は，「気持ちがいい」というよりも，何となく和む，安心できる，といった感想を抱かれることが多い。VIPとして完璧な接遇を受けるよりも，家族の一員として普通に迎え入れられることによる安らぎが，そこでは求められる。普遍的なマニュアルよりも個別の場を重視した対応。それは，同じ場面でも対応が異なることもあり，また，スタッフにより対応が異なることもある，というまさに現場で，その瞬間に創られる個別接客サービスである。したがって，時には「えっ？」と思える場面に遭遇するかもしれないが，それを含めて形式的ではない素朴なサービスが，何ともいえない自然で，温かみのある，また，頼りがいもある安らぎを感じさせるのである。

3.　相互作用性

従来のマーケティングでは，顧客を客体化し，徹底的に分析，そのニーズを把握し，それを充足することで高い顧客満足を得られるよう最善を尽くす。飲食業であれば，顧客のかゆいところに手が届くようなサービスを徹底的に提供する。

コメダ珈琲の場合，顧客を家に帰ってくる家族のように扱う。家族であるから，過度なサービスはせず，必要最低限のことしか行わない。既述の通り，あれやこれやと能動的に働きかけず，受け身の姿勢を保ち，声をかけられたら適度に対応する。しかし，顧客の多くは常連客のため，必然的にスタッフの気持ちが入っていく。それが表情や，ちょっとした会話に出てくるのである。これは，顧客を他人として客体化し分析する対象と考えるのではなく，あくまでも家族的に自分の内側の近いところで主体的にとらえ，共に歩む存在としてとらえるということである。したがって，顧客満足はサービスを顧客に提供することでニーズを充足し，感じてもらうものではなく，共に分かち合い，感じ合うものと考えるのである。顧客の娘や孫が結婚するときけば本当にうれしくなり，妊娠や出産のニュースをきくと，自分の経験を思い出し，思わず話してしまう。スタッフと常連客との間には，そのような光景，すなわち主体的相互作用が日常的にみられるのである。

ここでコメダ珈琲が創り上げる，何とも言えない安らぎを感じるサービスを改めて整理してみたい。その店づくりは，コンセプトを尖らせることなく，中間的なポジションでほどほどの空間，珈琲，食事，接客を提供することで，どのような顧客にも気楽に感じられ，また，どのような気分でも自然に足が向いてしまう，懐深いサービスを特徴としている。つまり，尖ったコンセプトにより顧客を選別するのではなく，ニーズを分けずにあらゆる顧客を受け入れるところから始める受動的・非分節的な経営である。結果として，さまざまな気分を持った老若男女が気楽に集い，穏やかな時間を過ごす，独特の空間が創られることになった。また，コメダは，マニュアルのように普遍性を持つルールをベースにしながらも，現場での対応を重視することで，人の気分や状況のように瞬間で変化していくニーズを充足する個別性を大切にしている。さらに，そこでは，顧客をサービス提供対象として客体化するのではなく，顧客のプライベート・ストーリーを受け，また，時に自分たちのストーリーも同化させながら，共に喜びや悲しみを分かち合う家族的な時間を共有する主体的な相互作用を重視している。

コメダを特徴づける以上のポイントは，企業がコンセプトにより事前に選択したニーズを高度に充足するという従来のマーケティングとは異なり，あらゆる顧客の気分や状況を懐深く受け入れ，必要な場合に限って対応するという「受動的なかかわり」の考え方がベースになっている。このような経営により創られ続ける空間は，実際の家庭のように，怒られたり，泣かれたり，問い詰められたりすることが絶対にない，安らぎが約束された夢の理想空間なのである。

§4. むすび

本書の旧版において，筆者は福祉施設「このゆびとーまれ」を取り上げ，そのユニークな経営を，やはり，非分節性，個別性，主体的相互作用性によって説明した。それをコメダ珈琲と比較してみたい。

まず，非分節性であるが，このゆびとーまれでは，あらゆる境界を無くすことで，すべての顧客を受け入れ，さらに，スタッフにも障がい者を採用，また，施設と無関係な通りがかりの人も自由に迎え入れる。このように施設内をサービス提供者と利用者だけで構成される場所にしないことで，より自然な空間を創り上げ，提供価値のレベルを高めている。一方，コメダ珈琲は，エッジの効いたコンセプトにより顧客ニーズを選別せず，「良くも悪くもない」といった中間的なサービスにより，幅広いニーズをとらえることに成功している。

次に個別性であるが，このゆびとーまれの場合，moment to moment の対応にその特長を見出したわけで，スタッフの瞬間を見逃さないサービス，それも障がい者や高齢者が同じ目線に立って，健常者や若い人が見逃す微妙な変化をとらえていた。同施設の代表がその経営を「マニュアルはなく，かかわり」と表現していたことでも，それがうかがえる。コメダの場合も，現場対応を重視しており，個別性の高いサービスを提供している。しかしコメダは，常に個別対応しているわけではなく，必要性が生じない限りかかわらないという方針を貫いている。

最後に，このゆびとーまれのケースでは，全ての利用者の側にスタッフが飛込み，傷ついたとしても同じ時間を共に歩む姿勢を大切にしており，主体的対応が広範囲で実現している。一方，コメダ珈琲は，常連客の求めに応じて家族的な主体的相互作用を行う。つまり，コメダの場合は，多様な顧客ニーズに合せて主体的相互作用の対象と状況を限定して対応しているのである。

このように考えると，同じように非分節性，個別性，主体的相互作用性という経営の特徴を持つ２つの組織でも，提供する価値により，適用範囲や内容が異なることがわかる。それぞれの要素について範囲や内容を決め，組み合わせて顧客対応してくことで，その経営の方針が定められることになるのである。

コメダ珈琲が重視している価値観は，日常性であり，顧客の日常に溶け込むことである。お年寄りから子供まで家族が思い思いの過ごし方をする家庭のリビングのように日常的なくつろげる空間を用意し，お客様との程良い距離感を保ちながら，適度なおもてなしをする。そこには過剰さはなく，作為や意図もない。あるのは，あらゆる顧客を受け入れた上で必要に応じてサービスを提供するという受動的かかわりだけである。

創業者の手を離れ，ファンドが経営するようになった今後も，そういう「コメダ珈琲らしさ」が維持されるかどうかは気になるところである。例えば，多店舗化を進めつつブランドの統一感を守ろうとすると，マニュアル化，本部の指導の徹底など，オーソドックスなフランチャイズ管理システムを整備していかざるを得ない。経済合理性を最優先に考えたドラスティックな戦略型にシフトしていくほうが，現代的経営には合致しやすく，説明責任も果たしやすい。しかしそうなれば，本章で考察した王道を外れる経営の考え方とは，相入れなくなってしまう。

例えば，経営体制の変更後，本部に商品開発部をつくり，新メニューとして季節のケーキを導入するようになった。これは，メニューの変更は目新しさを打ち出して顧客を飽きさせない，顧客単価が増加するなどのメリットがあり，決して間違った施策ではない。しかし，打ち出し方によっては，これまでに頑なに守ってきた日常性から外れていく危うさも秘めている。メニューが増えたことにより，イレギュラーな追加注文が増えれば，売上には貢献するが，業務が煩雑になり，ピーク時に従来の店員数では対応できなくなるかもしれない。増員による人件費の上昇や，食材管理などが複雑化し，予想外のコスト増につながるかもしれない。そうなれば，名古屋商法に根差した考え方で経験的に培ってきたコメダ珈琲流ビジネススタイルが崩れていく恐れがある。

コメダ珈琲がチェーンとして発展すればするほど，これまでのようにコメダの魅力にほれ込んだファンという価値観共有型のオーナーではなく，今後は「儲かる商売」という側面を重視するオーナーが増えていく可能性が高い。それも，コメダ流が変容していく１つの要因になるかもしれない。

しかし今のところ，経営体制が変わったことにより，コメダの既存店の風景が大きく変わったという印象は受けない。従来のアプローチと合理的アプローチとがうまく調和すれば，これまでは暗黙知のままだった要素が形式知化し，より効果的に伝達し，広められる可能性がある。今後，多店舗化を推し進めていく中で，コメダ珈琲の不思議な魅力をどこまで保たれるかが注目される。

<注>

(1)　2012年7月26日放送のテレビ東京系「カンブリア宮殿」より。
(2)　公益財団法人食の安全・安心財団の公表資料より。
(3)　株式会社帝国データバンクの公表レポート「特別企画：喫茶店経営業者1097社の経営実態調査」より。
(4)　2012年7月26日放送のテレビ東京系「カンブリア宮殿」より。

≪参考文献≫

金谷治訳注［1998］『大学・中庸』岩波文庫。
鈴木大拙［1972］『日本的霊性』岩波文庫。
鈴木大拙［1997］『東洋的な見方』岩波文庫。
高田三郎訳［1971］『アリストテレス　ニコマコス倫理学上下』岩波文庫。
中村雄二郎［1992］『臨床の知とは何か』岩波文庫。
村山貞幸［2004］「「かかわり」による顧客ロイヤルティの獲得」嶋口充輝，内田和成編著『顧客ロイヤルティの時代』同文舘出版。

(村山　貞幸)

第5章 《俺の株式会社》 ブランドをテコにした事業成長戦略

§1. はじめに

休暇で海外に向かう飛行機の中，離陸して安定飛行に入ると，客室乗務員による機内サービスが始まる。テーブルは手狭だし，出てくる飲み物や食べ物も限られるが，いつ乗っても，どんなメニューが出てくるのか，不思議な期待感がある。

今回の私の旅で，配られたメニュー表は，ちょっと変わったものだった。中を開くと，「今，話題のレストランシェフとのコラボレーションメニューをお楽しみください。空の上ならではの自由な発想で生まれたメニューで，お客様にいつも“驚き”と“楽しさ”を感じていただけるよう“俺の機内食 for Resort”をお届けします。」「“俺のイタリアン”，“俺のフレンチ”は，一流レストランで活躍したシェフたちが手がける高級ディナーを立ち飲みスタイルで提供する話題のお店です。“俺のイタリアン”山浦シェフと“俺のフレンチ”能勢シェフが考案したスペシャルメニューをご堪能ください。」といった但し書きとともに，二人のシェフのプロフィールとメニューが記載してあった。(1)

さすがに飛行機の中なので立ち飲みとはいかない。原価も限られるため実際のお店のメニューとは異なる。しかし，このちょっとしたサプライズは私の旅の気分を盛り上げてくれたし，サービスを提供してくれた日本航空への満足度も上がった。

そして，「俺のイタリアン，俺のフレンチ」に対しても，立地やメニュー，業態を超えて，新たな体験と付加価値をもたらす，まさにブランドとしての印象を持った瞬間だった。

「俺のイタリアン，俺のフレンチ」は，2011年9月，東京新橋にオープンした「俺のイタリアン」を最初の店としてスタートした。それ以来，割烹，やきとり，焼肉，そば，おでん，中華と急速にラインを拡大，2014年12月現在，店舗数32店舗と急成長を果たしている。どのお店も，一流店で活躍した料理人が高級食材を，立ち飲みスタイルで手ごろな価格で提供することで，行列ができる店になっている。

店を展開する「俺の株式会社」の坂本孝社長は，1990年に中古書籍のリサイクル販売を行うブックオフをゼロから創業し，1,000店舗にも及ぶ大規模チェーンに育てた有名なベンチャー経営者だ。2007年ブックオフの会長を辞任した彼が，13回目の事業として，新たに取り組んでいるのがこの業態である。

市場が成熟化する中，新製品や新業態を導入しても，意図する通りに顧客が反応するケースは少なく，ヒットはそう簡単には生まれない。「俺のイタリアン，俺のフレンチ」は，不景気が続く中でも繁盛している異質な業態を組み合わせることで，まったく新しいカテゴリーを生み出し，急成長を果たした。まさに，事業の企画者の意図が，市場の常識とルールを打ち破り，新たな成長機会を生み出した好例と言えよう。

飲食業の場合，行列のできる人気店の話題には，事欠かない。ただし，1店舗ならまだしも，複数の店舗で行列ができるとなると話は別だ。競争の激しい東京で，当初からビジネス化を意図し，短期間で店舗を拡大しているこの取り組みが注目に値するところである。

そして，この新カテゴリーの創造と急成長において，同社のユニークなブランド戦略が1つのテコの機能を果たしている。本章では，「俺の株式会社」が，ブランドをテコにいかに顧客ロイヤルティを獲得し，事業の成長を実現しているのかを明らかにしていきたい。

図表 5-1　俺の株式会社　会社概要[2]

会社名：俺の株式会社
本社所在地：東京都中央区銀座 8-3-10　トミタビル 7 階
代表取締役社長：坂本　孝
設立：2012 年 11 月 1 日
資本金：1 億 5,000 万円
従業員：609 名（うち社員数 394 名）：2014 年 7 月末現在
事業内容：飲食店経営
店舗数：32 店舗（2014 年 12 月時点）
俺のイタリアン 8 店，俺のフレンチ 5 店，俺のフレンチ・イタリアン 4 店，俺の割烹 2 店，俺のやきとり 3 店，俺の焼肉 2 店，俺のそば 1 店，俺のだし 1 店，俺の揚子江 1 店，俺のスパニッシュ 1 店，その他 3 店

図表 5-2　俺の株式会社　業績推移

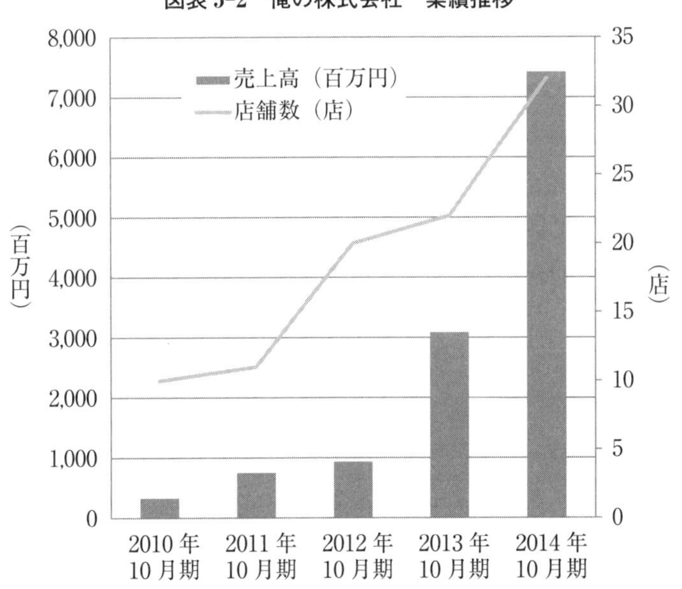

§2.「俺の」事業成長戦略

まずは，「俺のイタリアン，俺のフレンチ」の事業成長の要因を探ってみよう。以下に記す内容は，2013年4月に坂本孝社長の名前で出版された「俺のイタリアン，俺のフレンチ～ぶっちぎりで勝つ競争優位性のつくり方」[(3)]という著書と，その後の公表資料および，2014年8月に実施した坂本社長へのインタビューに基づいている。

1.　業態コンセプト：立ち飲み居酒屋と星付きレストランの合体

「ミシュラン星付き級の高級店で活躍してきた一流の料理人が腕をふるい，高級店の2分の1，3分の1の価格で提供する」この業態コンセプトが，俺のシリーズの事業成長のすべての起点であると言ってもいいだろう。

坂本社長がブックオフの会長を退任後，最初に飲食業に関わりをもったのが2009年である。ある人から焼き鳥屋の経営を勧められて，ちょっと乗ってみようかなという気持ちで飲食業に入った。その後立ち上げた「バリュークリエイト」という会社名にも表れているように，人が考えもつかないような新業態を開発しそれを事業化したいという動機がまずあって，それをたまたま巡り合った飲食業というフィールドでトライすることになったというのが実情なのではないか。

最初に挑戦した串焼き屋で苦戦，次に何をすればいいかということで，飲食店を経営幹部で視察に駆け巡った結果，超不景気だと言われる時代にも関わらず，ものすごく繁盛している2つの業態があることに気づいた。そして，その繁盛している2つの業態である「立ち飲み居酒屋」と「ミシュラン星付きレストラン」をくっつけてしまえというある種乱暴な坂本社長の発想が新業態を生み出したのである。本来相容れない意外な組み合わせの中から革新をもたらす～まさに，ヨーゼフ・シュンペーターの言う新結合＝イノベーションを地で行ったケースだといえよう。

俺のフレンチ・イタリアン AKASAKA

2.　収益モデル：安田理論

ただし，その着想を乱暴なままで終わらせずに，独自の経済性計算に裏打ちした形で事業が展開されているのがポイントである。まさに，「中目黒あたりで一緒に遊んでいた若者３人で始めたビジネス」と，プロの事業家がスクラムを組んだ俺の株式会社の大きな違いがここにある。

ミシュラン星付き級の料理人が腕をふるい，高級店の２分の1，３分の１の価格で提供しながら，利益を実現するためには，「平均フード原価率60%を超えても，顧客を１日３回転以上させること」が，収益の基本モデルになっている。立ち飲みスタイルにして，客数を回転させることによって，フードメニューの原価率の高さに挑戦している。同社のシミュレーションによれば，店が4回転するなら，フード原価率を88%にしてもペイすることになる。1日ほぼ1回転が基本のミシュラン３つ星級のレストランのフード原価率18%と比べると，まさにこれまでの常識を越えた数字であることがわかる。言い換えれば，回転率さえ確保できれば，お客様に驚くほどに「おいしい」「安い」と感じていただくために「原価をじゃぶじゃぶかけていい！」という現場の一流の料理人たちに対するメッセージになっている。

結果として，15~20坪程度の広さで，いずれも１日３回転以上していて，月商1,200～1,900万円という繁盛店がどんどん増えていった。しかし，スタートするまでは，これはあくまでシミュレーションであり，ちょっとでも回転率が下がれば，赤字垂れ流しということになる。絶対的な差別性がなければ生き残れないという社長の強烈な思いが，この業態に舵を切ることへの決断につながった，

同社ではこのモデルをその作者である野村証券出身の安田道男副社長の名前を取って「安田理論」と呼んでいる。安田氏が示す図表は，縦軸に回転数，横軸に原価率をおいたシンプルなものだ。「当初は博打に近いと思っていたこの理論も，次々と一流の料理人が集まり人材が揃ってくると，その仮説を検証してみようとなる。仮説と検証を交互に繰り返しているうちに安田理論がパワーアップしてきた。そして，その数字に向かって，全員でまっしぐらという習慣がついてしまった。様々な苦労があっても，安田理論という明確な係数の羅針盤を持っていれば，どんな荒れた海でも遭難することはないと確信している」とのことである。

実際，各店舗のその日の売り上げ，客数，客単価，回転率などの数字が，日報メールという形で全店舗，全社員に共有され，店舗間の競争を促す結果となっている。大胆かつシンプルなこの指標が，現場の社員に浸透し，共通の行動目標になっていることが重要なのだろう。

3.　人材マネジメント：料理人が抱える不満の解消

Web上でも公開されている俺の株式会社の社長メッセージの一部を紹介しよう。

「俺の株式会社は，料理人をはじめ全従業員の幸せを追求する会社です。この事業を立ち上げるとき，私は日本の飲食業界を取り巻く機運の盛り上がりを日々実感しておりました。日本には，世界に冠たる料理人，いわば世界遺産ともいえる人たちが大勢います。ところがいざ調査を始めてみると，調理学校を出た人たちが10年後も飲食業に携わっている確率は1割にも満たないということを知り，驚きました。厨房の世界に魅力がない，将来の夢が見られない，

そんな理由で人がどんどん辞めていくらしいのです。かたや飲食業界の顧客はというと，ファーストフードの台頭により，一流の料理人が作った幸せを実感できるおいしい料理を味わう人があまりにも少ないと気づき，日本の食文化の危機を感じました。理想と現実のギャップがある。飲食業界の将来のために立ち上がらねばいけない。」

「俺のイタリアン，俺のフレンチ」に，ミシュラン星付きクラスの料理人が次から次へと集まってくるのはなぜか？　3万円のフルコース料理を作っていたシェフが，客単価3,000円の料理を作ってくださいと言われて，はいと答える秘密はどこにあるのだろうか？

同社の人材発掘は，主に人材紹介会社に依頼しているとのこと。そして，資本金3,000万円の時点で，年間1億8,000万円もの資金をこの人材採用に投じたということである。スタートアップの企業が人材に投じる投資額としては，まさに驚異的な数字である。

さらに，人材採用の面接の中で料理人から出てくる生の不満に応えることが，人材マネジメントの起点になっていると言う。

「ホテルのレストランでは，年に数回しかメニューが変わらない。料理人としての自分のアイデアや技術を磨く場所がない。料理人が仕入れの交渉ができない，人事についての決定権がない。原価と品質を安定させるため，セントラルキッチンで効率化し，どんどんコックレスになっていく。不況になると即座に原価を修正し，メニューの改訂を行い，料理人の給料の見直しが始まる。一生懸命に頑張って，独立したとしてもリスクを背負いつづけることになる。」

こういった料理人の様々な不満を解消し，料理人が幸せを実感できること。これが会社のミッションになっている。

そのためにまず取り組んだのは，ホテルのレストランなどでは当り前となっていた，料理人に仕入れの交渉をさせないという常識を越えることだった。料理の素材と品質と価格の背景を最も熟知している料理人に一定の仕入れの権限と価格に関する裁量権を与える方針をとっている。実際は，飲食業20年の経験を持ち現場の人材マネジメントを熟知している森野忠則専務と一緒に決めていくわけだが，現場の料理人にとっては自分で決めたという感覚が高まる。

一方，同じ社内なので各店のデータがすべてわかった上での競争になる。結果として，各店舗で裁量権を持ったそれぞれの料理人がお互いに刺激しあい，学びあっていく場が提供される。また，会社に入るので個人としての経営リスクを背負う必要がない一方で，裁量権と稼げるチャンスが得られるのである。

一流の料理人に，立ち飲みでお願いしますと言うと，当然ながら戸惑う人が多いと言う。その料理人たちが最後に決断するのは，俺の株式会社に，料理人としてのプロ意識とチャレンジ精神を刺激する何かがあるからである。たった3坪の厨房で，ホテルではまねのできない生産性を作り上げることに知恵を絞り，結果としてお客様が喜ぶ姿を目の当たりにできる。また，実際にそのやり方で成功している実証例としてのお店がそこにある。そういう意味でも，ゼロからの挑戦で成功を収めた「俺のイタリアン1号店(新橋本店)」の功績は大きいと言えよう。

また，「俺のイタリアン，俺のフレンチ」にとって，料理人と同様，ソムリエも大切な存在である。他のレストランのソムリエと異なり，ワインのことだけでなく，料理のことも熟知してお客様に提供する料理に付加価値をつけるサービスマンとして位置づけられている。ワインに関する自分の知識を振りまく存在ではなく，お客様の好みを聞きながら，価格が低くて価値のあるワインを勧めることができる人材が必要とされている。

同社のドリンクの中でワインの売上比率が70%と高いのは，ソムリエがワインを売れるソムリエだからである。結果，会社全体のワインの消費量を高め，仕入れ値のバイイングパワーを上げた上で，日本にこれまでなかったようなソムリエの働き方にも挑戦しようとしている。

また，実績のある料理人を採用するだけでなく，人材の育成にも力を入れている。「俺のイタリアンJAZZ」などの大型店舗は，研修施設としての役割も担っているという。新たに採用したり，フランチャイズ契約をした料理人が大型店舗に研修に来て，研修で定められた期間星付き料理人とともに働き，いろいろな体験をする。逆に，教える側に回った料理人は，人を育てることによって生まれた価値を分配することで，高い年収を実現する。

さらに，2014年4月から，社内に「俺の食アカデミーGINZA」を開設。料理専門学校から新卒社員を大量採用し，本社ビルの地下にテストキッチンなどのスペースを設置し，20カ月で副料理長クラスまで育て上げる教育プログラムを開始した。これは人材不足を自前で解消するプログラムであり，自社の新入社員の早期育成を目的としたものだ。さらには今後，フランチャイズ加盟店に対する教育施設としての機能を担っていく余地もあるだろう。

俺の株式会社　坂本　孝社長

（2014年8月　同社本社会議室）

4.　経営哲学：利他の心

ここまで，「俺のイタリアン，俺のフレンチ」の事業成長を支える3つの柱といえる「業態コンセプト～立ち飲み居酒屋と星付きレストランの合体」「収益モデル～安田理論」,「人材マネジメント～料理人が抱える不満の解消」のありようを見てきた。

そして，そういった活動や仕組みの根幹には，坂本社長が信奉する稲盛和夫氏から学んだ経営哲学＝「利他の心」がある。「利他の心」とは，「会社というのは，自分だけが儲けようとするのではなく，人によかれかし」「従業員の物心両面の幸福を作るのが会社の役割だ」という考え方だ。

「人のために何かをやって，人も喜び，自分も喜ぶ。これが人生の中で最も尊いと思ったときに，不思議と会社が伸びていく。みんなのために，心から助け合って考えることができたとき，この業態パワーはもっと爆発する。」坂本社長は，「利他の心」を，一度できあがったものを守る約束事ではなくて，事業成長の力の源泉としてとらえているようだ。

俺の株式会社の経営理念は稲盛フィロソフィーをほぼ踏襲したものとなっており，特に，従業員の行動指針である「6つの精進」は，稲盛語録の文言をそのまま使っている。

〈経営理念〉

1. 飲食事業を通じての地域社会への貢献
2. 全従業員の物心両面の幸福の追求

〈6つの精進〉

1. 誰にも負けない努力をする
2. 謙虚にして驕らず
3. 毎日の反省
4. 生きていることに感謝する
5. 善行，利他行を積む
6. 感性的な悩みをしない

経営理念にある「物心両面の幸福の追求」とは，パート・アルバイトを含めた全従業員を対象にしたものである。物心の「心」とは，従業員が成長すること。心がくじけることもあるが，振り返ってみると先輩や仲間に支えられて確かに成長しているという実感があること。これが，今の時代のビジネス社会の中で生き残ることができる精神的な幸福ととらえている。

物心の「物」とは，これだけ働いているのだからよい報酬をいただき，生活を安定させたいという従業員の思いに応えること。海外でも活躍した名声のある料理人でも600～700万円の年収という実態から，1,000万円プレイヤーを出していきたいと考えている。

従業員に成長の機会を提供すると同時に，会社が利益を上げて，社員に分配する仕組みを作る。シンプルではあるが，極めて本質的な，この物心両面を満たすことを経営の基本においている。

§3. 「俺の」ブランド戦略と顧客ロイヤルティ形成のメカニズム

どれだけビジネスモデルに切れがあり，人材マネジメントがしっかりしていたとしても，実際，顧客の心をとらえ，顧客と価値を共有できなければ，事業の成果には結び付かない。ここでは，俺の株式会社のカテゴリー創造と急成長において，1つのテコの機能を果たしていると思われる同社のユニークなブランド戦略と顧客ロイヤルティ形成のメカニズムを明らかにしていきたい。

1. 「俺の」お客様像：丸の内で働く30代の女性3人連れ

一からブランドを立ち上げる時，重要なことの1つは，自社が最も大切にしたいお客様像を突きつめてみることである。

坂本社長以下コアメンバーが，新業態としてイメージした客層は，「丸の内で働く30代の女性3人連れで，肉料理をガンガン食べて，白ワインと赤ワイン，ボトル1本ずつじゃぶじゃぶ飲んで明日も仕事頑張ろうと思っていただける…そんな人たち」ということであった。同じ立ち飲みグルメでも，久住昌之原作の連載漫画で，テレビ東京でもオンエアされ話題となった「孤独のグルメ」に出てきそうな哀愁ある中年男性の一人グルメとは，180度異なる。

この「丸の内で働く30代の女性3人連れ」というお客様像をさらに詳しくプロファイリングしてみよう。イメージできるのは，1度や2度はミシュラン星付きレストランで食事をしたことがあり，チャンスさえあれば高級店の味や雰囲気店に触れたいと思っている消費性向の高い女性たちである。高級レストランの食材がこの価格で食べられるといった時に，本来の食材の価値をイメージできなければ相手にならない。また，そういった人たちの自腹需要を満たしたということも重要だ。会社の上司や交際相手とのハレの日ではなく，日常の世界で，仲間と一緒に本当においしいものをわいわい言いながら食べたいという欲求を満たしたのである。

そう考えると，1号店のオープン後，集中出店を行っていった銀座8丁目というのは，絶妙な立地であったともいえる。新橋は身銭を切って利用するお店が主であり，安定して集客できる不況知らずの立地だが，中年サラリーマンのイメージが強い。ほぼ新橋に位置しているが，日本の一流消費の象徴である銀座という地名を冠した8丁目に，行列ができる店を何店舗も並べたことで，ブランドの核ができていったといえるだろう。

結果として，「バリュークリエイト」時代には，存在しなかった顧客が訪れ，それらの人たちが新しい顧客を引き連れてくるという好循環が生まれている。例えば，「八重洲串や八重洲店」を「俺のイタリアン YAESU」に切り替えただけで，これまでとは全く違うお客様が3〜4倍訪れたとのことである。

インテリア雑貨ショップを多面的に展開している「Franc Franc」では，自社が大切にしたいお客様像を「都会で一人暮らしの25歳のA子さん」と規定している。同社高島郁夫社長によれば，これはリアルな25歳のA子さんではなく，あくまでイメージであり，「マインドエイジ」であるとのこと。25歳の乙女心を持っている40歳の女性，都会での一人暮らしに憧れている田舎実家暮らしの女性，25歳の女性に憧れているティーンエージャー，25歳の女の子と付き合いたい男性，そういう人たちみんなが結果としてターゲットとなる。すなわちお客様は入れ替わるのではなく，積み重なっていくという感覚が重要なのであって，限定することを怖がらず，そのコアになるお客様像をより具体的に描いていく。そして，向き合うべき顧客の中心像がはっきりしていれば，打ち手のブレが少なくなるというわけである。(4)

現在，「俺のイタリアン，俺のフレンチ」は，銀座8丁目だけでなく，青山，赤坂，新宿などへの立地展開を行っている。だからといって，当初想定した「丸の内で働く」というお客様のイメージと外れるわけではない。丸の内は一流志向と消費性向の高さのあくまで象徴なのである。

また，実際いくつか店舗に行ってみるとわかるが，来ている客層は女性3人連ればかりではない。同じ会社のグループもいるし，若いカップルや中年の夫婦などもよく見受けられる。しかし，あくまで中心となるお客様は女性3人連れであって，彼女たちが口コミの核となって，会社の関係者や交際相手，家族などへ広がっている。まさに，上述した「Franc Franc」でも見られた，お客様が，積み重なっていくという感覚と同様である。

2.　お客様と共有する体験価値：ガンガン，じゃぶじゃぶ

坂本社長以下コアメンバーが新業態としてイメージした後半の部分～「肉料理をガンガン食べて，白ワインと赤ワイン，ボトル1本ずつじゃぶじゃぶ飲んで明日も仕事頑張ろうと思っていただける」に，「俺のイタリアン，俺のフレンチ」のすべての店が顧客と共有している価値や体験の中身が内包されている。

そもそも，人が立ち飲み屋に惹きつけられるのはなぜだろうか？　まずは，位置関係が席によって固定されないため，そこに行けば，組織内の上下関係から解放され，一個人に戻れる。また，いろいろな位置を取りながら，食べ物を取ったり，寄りかかることで，親密感が高まる。さらに，人数の予約はないから軽い気持ちで参加できるし，途中でも抜けやすい[(5)]。

パーソナル・スペースという言葉がある。これは，コミュニケーションをとる相手が自分に近づくことを許せる，自分の周囲の空間(心理的な縄張り)を指す。アメリカの文化人類学者。エドワード・ホール(Edward Hall)は，相手との関係と距離感を以下の4つに分類した[(6)]。

①　密接距離(intimate distance)：0～45 cm・身体に容易に触れることができる距離

▶家族，恋人など，ごく親しい人がこの距離にいることは許されるが，それ以外の人がこの距離に近づくと不快感を伴う

②　固体距離(personal distance)：45～120 cm

▶二人が共に手を伸ばせば相手に届く距離

▶友人同士の個人的な会話では，この程度の距離がとられる

③　社会距離(social distance)：120～350 cm

▶身体に触れることはできない距離

▶改まった場や業務上上司と接するときにとられる距離

④　公衆距離(public distance)：350 cm 以上

▶講演会や公式な場での対面のときにとられる距離

着席型のレストランと立ち飲みの違いは，まさにこの距離感の違いにある。人が立ち飲みにひきつけられるのは，お互いがこの個体距離〜パーソナル・スペースに自然と入っていける場となっているところにあるのではないか。

坂本社長も，以下のように述べている。「立ち飲み業態では，今の社会が忘れかけている人との語らいがもたらされます。肩すり寄せる距離の人たちと自然に会話が生まれて，なぜか親しくなっていく。」

また，肉料理を「ガンガン」，ワインを「じゃぶじゃぶ」の擬音の部分も重要だ。そこに込められているのは，食事のときぐらい，細かいことを計算せずに，おいしいものをガンガン食べようよという提案である。まさに，中心顧客である「肉食系女子」の価値観にもぴったりあっている。改まった雰囲気でもなく，癒しや寛ぎでもなく，そこには，愉快で楽しい，昂揚感と開放感のある「飲んで明日も仕事頑張ろうと思う」空間が設計されている。

さらにいえば，お客様と従業員が，同じような場と価値を共有していることも重要である。店がオープンキッチンになっていて，厨房で働く料理人の姿や所作がお客様によく見える。また，ホールも狭く混んでいるので，動き回るソムリエやスタッフとお客様の距離も近い。舞台に主役がいて，客席の通路を脇役が走り回っている劇場のライブ感を，お客様も従業員も感じることができる。さらには，行列に並んでいる待ち時間におけるスペシャルメニューの説明の演出など，ディズニーランドの行列に近いエンターテインメント性すら感じる。

従業員みんなが「ガンガン」働いて，料理人はおいしい食材を「じゃぶじゃぶ」使い，ソムリエはおいしいワインを「じゃぶじゃぶ」注いで，同じようにお客様に喜んでもらう，そんな場がお客様と従業員の間で共有されているのである。

3.「俺の」コミュニケーション戦略：成長の土台としてのブランド体系

「俺の」というネーミングは，事業の立ち上げ時に社内で行ったネーミング会議で生まれた。イタリアンやフレンチ料理を現地で経験していたり，本場の雰囲気を表現したければ，現地風の名前をつけたかもしれない。しかし，坂本社長はローマ字だと覚えられないし，「日本っぽいのがいいよ」と提案したところ，安田副社長(当時常務)から，「俺のイタリアン」という名前が出てきた。何を売っているかわかりやすいし，どこか泥臭さと親しみやすさがある。三ツ星クラスの料理人がいても，敷居が高くない最高のネーミングだということで，即決したとのことである。

「俺の○○」というネーミングは，成長の土台となる発展性のある名前だとも言える。実際，「俺のイタリアン」の後に「俺のフレンチ」，「俺の割烹」と，ビジネスモデルの核を維持しながら食のジャンルを急拡大できたのもこのネーミング体系があったからである。実際，「俺の」に続くカテゴリーの名称にもこだわっている。例えば，「俺の割烹」は「俺の和食」だとパンチがない。「俺の会席」「俺の料亭」では，敷居が高い。関西のにおいはあるけれど，専門店的な味をイメージできてぴったりということから選ばれた。

「俺のイタリアン」の事業開始時に視察する中で，いくつかモデルとなるお店があったという。しっかりとした和食を出す立ち飲み屋。ボリュームのあるおいしい料理に合わせたワインの売り方が衝撃的なビストロ。いずれも，これまでの居酒屋にない，わくわくするサプライズに満ちた人気店であった。ただ，そういったお店が個店もしくは数店舗に留まっているのに対し，この「俺の○○」というネーミング体系のおかげで，店舗とジャンルの急拡大が可能となった。さらには，「俺の」シリーズの店舗が集中している銀座８丁目では，あまりにも並びの多い店のお客様に，近隣にある別の店舗のメニューや混み具合を知らせて，全体としての顧客数の最大化を図っている。

実は，「俺の○○」という名称を商標登録したのは「俺のイタリアン」が最初ではない。株式会社俺カンパニーの「俺のハンバーグ山本」が2007年に商標出願をしている。「俺の」はレストラン業界で一般的になってしまったため，商標登録はできない。そこで，「俺のイタリアン」の成功をきっかけに「俺の○○」のレストランがあたると読んだバリュークリエイト(俺の株式会社)が，「俺のフレンチ」，「俺の焼肉」といった商標をとり，多面展開をしていった。

2013年の時点で，すでに「俺のスパニッシュ」「俺のてんぷら」「俺の日本蕎麦」といった商標出願を行っている。中には，「俺のだし」のように，すでに代官山に「俺のおでん」で商標登録をした店があったために，名称を一ひねりしなければならなかったと推察されるカテゴリーもある[(7)]。

前述した通り「八重洲串や八重洲店」を「俺のイタリアン YAESU」に，銀座にあった「葱や平吉」を「俺の割烹」に，蒲田にあった一度も黒字になったことのない「八重洲串や」を「俺のやきとり蒲田」に替えるだけで，状況は一変した。まさに「俺の」というブランド名がテコの役割を果たして，業態の変化を伝え，短期間で客層が変わり，業績も大きく伸長した。

また，「俺」という名称は人によってその意味を様々に解釈できる。俺の株式会社の経営陣のユニークな姿と重ねることもできるし，その店をお客様自身の場所ととらえることもできる。そして何よりも，それぞれの店の主役であるシェフ＝俺が責任を持って料理を提供する店と感じられる。以下は「俺のイタリアン」開店時に掲げたのぼりに記された各スタッフのキャッチコピーである。

▶山浦敏宏；イタリアのミシュラン三つ星レストラン２店で修業

▶遠藤雄二；フランスの三ツ星レストラン「アラン・シャペル」で修業

▶藤井大樹；フランスの三ツ星レストラン「ランスブルグ」などで修業し，「ひらまつ」などで料理長を務めた

▶高坂進；飲食業界の異端児

店頭に顔写真と，どこのレストラン出身なのかを表示し，「この料理は誰が作った料理か」ということを前面に，シェフのキャラクターを打ち出していった。このような様々な仕掛けが功を奏して，口コミが拡散し，人が人を呼ぶ形でお客様が集まっていった。

そしてそれがソーシャルメディアやマスコミに取り上げられ，さらにブランドが浸透していった。直近の１年間で，俺の株式会社，俺のイタリアン，俺のフレンチ等に関してソーシャルメディア上に掲載された言葉を見ても，非常にポジティブかつたくさんの言葉が掲載されており，多面的な口コミの広がりを感じる。

図表 5-3　博報堂 Topic Finder（俺の株式会社，俺のイタリアン，俺のフレンチ，俺の割烹，俺のシリーズ等に関する，ソーシャルメディア上の掲載ワードランキング）

	名詞ランキング		形容詞ランキング		動詞ランキング	
	ワード	件数	ワード	件数	ワード	件数
1	フレンチ	3,688	おいしい	1,336	行く	2,517
2	イタリアン	3,210	良い	752	食べる	1,522
3	シリーズ	1,117	おいしい	402	思う	955
4	笑	767	安い	380	できる	906
5	割烹	607	楽しい	293	並ぶ	755
6	フォアグラ	598	多い	266	飲む	659
7	予約	537	すごい	235	行う	610
8	店	424	高い	157	ある	610
9	銀座	412	うまい	149	見る	522
10	料理	382	嬉しい	149	入れる	519

出所：2013/07/29～2014/08/28　主要 Web ニュース，ブログ，掲示板等を対象。

飲食業の場合，１店舗から事業を始めることが可能で，特許等もないため，ヒットした業態はすぐに模倣され，誰も文句を言えないという状況にある。実際，スターバックスが日本に上陸し成功してから，同じような業態の店が一気に増えた。しかしながら，「俺のイタリアン，俺のフレンチ」の「星付きシェフと立ち飲みを組み合わせたビジネスモデル」を現実に実現するのは難しく，思ったほど競合は出てきていないそうである。しかし「俺の」という名称は一般的であるために，似て非なる店が出てくる可能性は高い。そこで，俺の株式会社では，「俺のシリーズ」の字体を統一し，カテゴリーに応じたビジュアルを加えることで，他とは明確に区別可能なブランド化を図っている。

4.「俺のイタリアン，俺のフレンチ」のブランドポテンシャル

一般生活者が感じている「俺のイタリアン，俺のフレンチ」に対するブラン

ドとしての評価はどのような状況にあるのか。2014年8月25日から26日にかけて，首都圏に住む10代後半から60代の男女728名を対象に，簡単なインターネット調査を実施した。その結果，「俺のイタリアン，俺のフレンチ」の認知度は約70%となった。比較対象とした大手ファミリーレストランの98%に比べれば低いが，一流と評判の高級レストランの20%弱の認知度に比べると圧倒的に高い数字となっている。さらに重要なのは，そのポテンシャルである。「名前だけを知っている」の42%に加え「特徴やサービスについて知っているが利用したことがない」が約20%と，比較対象とした大手ファミリーレストランや高級レストランと比べ，極めて高い。首都圏に住む10代後半から60代の5人に1人が，「口コミやメディアを通じて，俺のイタリアン，俺のフレンチがだいたいどういう店か知っているが，並びや予約がとれないこともあり，まだ行けていない」といった状況にあることが推察される。

また，認知者ベースの利用意向を見ても，利用したいが80%を超え，比較対象とした高級レストランやファミリーレストランと比べて高く，逆に利用したくないというネガティブな評価が一番低い状況にある。

さらに，「俺のイタリアン，俺のフレンチ」に対する評価を性年代別にとってみると，予想通り，男性よりも女性の評価が高かった。特に，女性20代か

図表5-4　認知・理解・利用経験

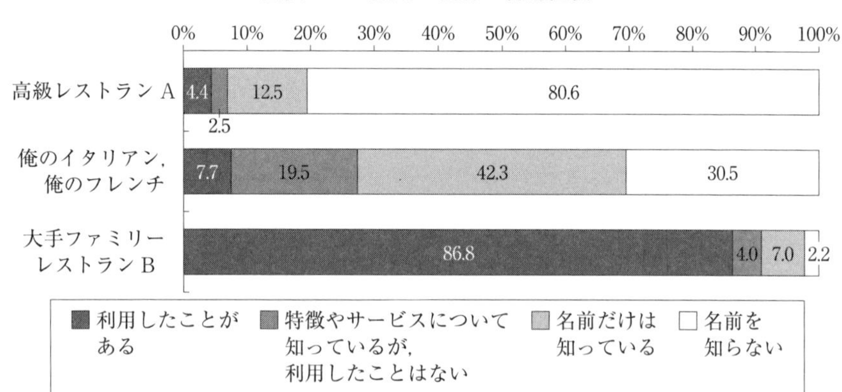

出所：2014年8月25・26日，首都圏に住む10代後半から60代の男女728名を対象としたインターネット調査～クロスマーケティング社実施・集計。

図表 5-5　利用意向（認知者ベース）

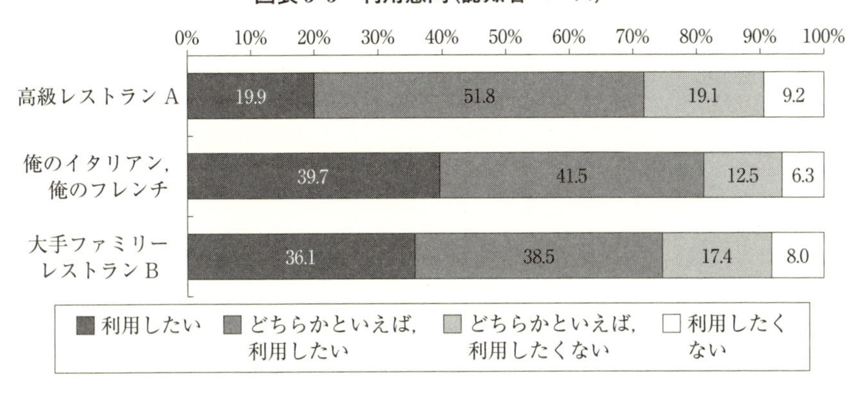

図表 5-6　俺のイタリアン，俺のフレンチ　性年代別　認知・理解・利用経験

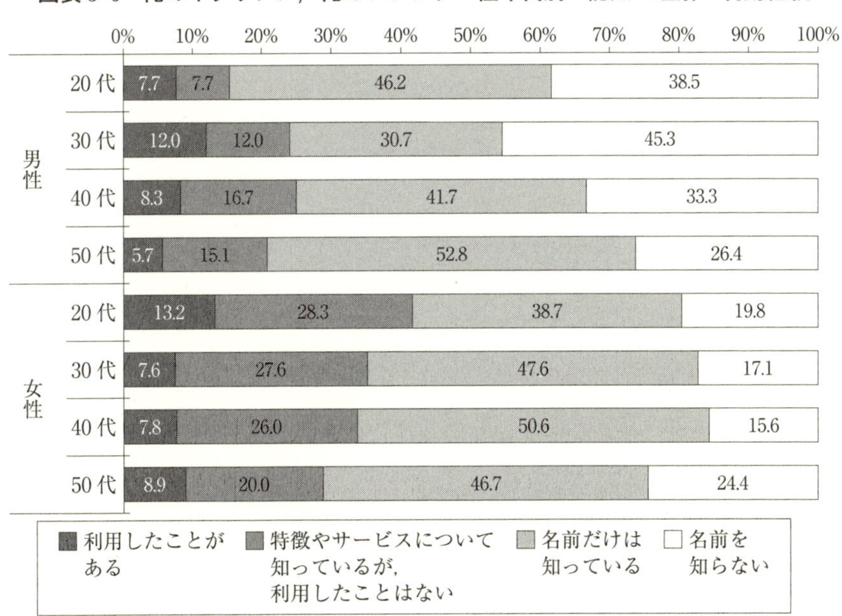

ら 40 代における認知は 80% を超えている。一方で，利用経験に関しては，本調査では，男性は 30 代，女性は 20 代が高いという結果になった。

また，認知者における利用意向に関しても，女性 20 代の評価が一番高くなっている。「丸の内で働く 30 代女性 3 人連れ」という想定しているコア層に

図表 5-7　俺のイタリアン，俺のフレンチ　性年代別　利用意向(認知者)

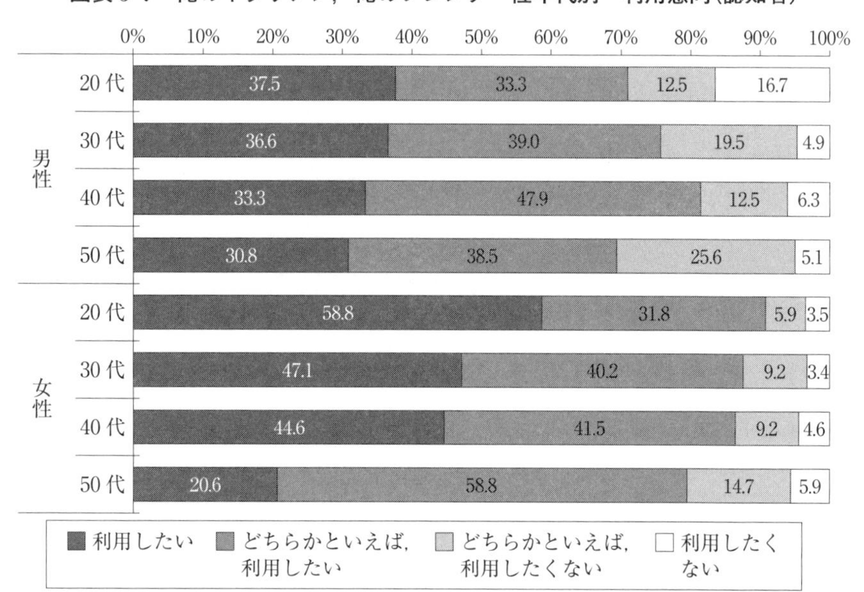

対して，現実には，より情報感度の高い20代女性OL層の評価が積み重なってきている。2014年8月末現在，「俺のイタリアン，俺のフレンチ」は，情報感度の高い20代～30代女性を強固な支持基盤に，ブランドとしての成長ポテンシャルは非常に高い状態にあると想定される。

§4　む　す　び

以上，「俺の株式会社」のブランドをテコにした事業成長の軌跡を見てきた。「俺のイタリアン，俺のフレンチ」は，斬新なビジネスモデルの例として取り上げられることが多いが，本章では，そのビジネスモデルの模倣困難性を支え，多面的なジャンル拡張を可能とした同社のブランド戦略に注目した。具体的には，ブランドのネーミング体系に加え，それがどのようなお客様と，どのような体験価値の共有を実現したのかを明らかにした。一般的に，ブランド構築＝

広告費がかかるという印象も強いが，「俺の」ブランドフォーマットは，お客様の口コミを呼び込み，限られた投資を最大化し，次のカテゴリー展開につなげる，まさに事業成長のテコの役割を果たしているといえるだろう。

「俺のイタリアン」1号店がオープンした2011年当時から比べると，たった数年にも関わらず俺の株式会社を取り巻く状況は大きく変化している。現在まで，常識を越えた急成長を果たしてきた同社は，今後どこに向かうのだろうか。

2014年10月には，銀座1丁目に，俺のシリーズ最大規模の200坪，500席の生演奏がある大型のレストランシアターをオープンした。飲食業界では難しいとされる大型店舗にあえて挑戦し，さらなる成長を目指している[(8)]。

同時に，新カテゴリーの「俺のスパニッシュ」を立ち上げた。将来的にはカテゴリーを20種類ぐらいに拡大して，どのカテゴリーがどこまで通用するかを試しつつ，最終的には10ぐらいに収斂させていこうと考えているとのことである。何が立ち飲みに合うのか，合わないのか，料理のプロがどれぐらいいるのか，いないのか，といった試行錯誤を繰り返しながら，さらなる成長の機会を見つけて行こうとしている[(9)]。

また，経営陣はIPO(株式公開)を目指すことを公言している。従業員も株主として参加し，物心両面の幸福を実現する上で，IPOは会社の共通目標として1つの求心力になっている。同時に，労働基準法，食品衛生法などをクリアしていくことで，会社組織としての底力を上げることも企図している。

さらに，FC(フランチャイズ)化が次の成長の1つの鍵となっている。フランチャイズというと，ビジネスの成功モデルを量産化する仕組みであり，お金を生み出す装置という印象が強い。しかし，坂本社長が考えている飲食のフランチャイズは，発想が異なる。提供する料理はすべて手作りで，セントラルキッチンを設けたり，冷凍食品や調理済み食品を使用することはない。それぞれの店舗でシェフの考え方や技が反映されるので，フランチャイズの全店舗でレシピが違って当然という考え方だ。実際，バリュークリエイト時代の既存店が「俺の」にブランド転換することで大きく変わったように，地方にある独自性のあるお店をこのフランチャイズという枠組みを活用して，上手に転換させることができれば，今後のさらなる急成長の芽が見えてくるだろう。

俺の株式会社の短期間の事業成長は目を見張るものがあるが，その挑戦はまだ端緒についたばかりである。急成長には歪も生まれるであろうし，光があれば闇もある。短期間に広げている新カテゴリーや店舗の中には，そのうちスクラップが必要なものも出てくるだろう。また，飲食という業態はその盛衰も激しく，「俺の」ビジネスモデルが未来永劫栄える保障はなにもない。

しかしながら，坂本社長を始め，経営メンバーや社内のスタッフが，確実に共有していることがある。それは，日本の飲食業を活性化し，革新していく持続性のある存在となるということだ。そしてその舞台は，日本に留まらない。日本の料理人の持つ味と技を国境を越えて発信していく。そのためにもニューヨークを皮切りに，パリ，ミラノ，東南アジア等海外に店舗を拡大していくという構想を持っている。そして，海外展開にあたっては，フランチャイズや他の大型資本との連携等，他力を活用することも厭わない方針である。

坂本社長をはじめ俺の株式会社の挑戦は，今後どこに向かうのか。どのような事業展開を仕掛けていくのか。まだまだ目が離せないところである。

<注>

（1）　日本航空　機内食メニュー表。
（2）　俺の株式会社HP(2014年12月)。
（3）　坂本［2013］。
（4）　首藤［2009］。
（5）　樋口［2013］。
（6）　Gooヘルスケア　Webサイト心理学用語(2014年8月)。
（7）　アイデア×特許でスタートアップを応援するブログ(2014年8月)。
（8）　ワールドビジネスサテライトニュース　特集　2014年8月20日　テレビ東京。
（9）　坂本・福井［2014］。

≪参考文献≫

坂本　孝［2013］『俺のイタリアン，俺のフレンチ―ぶっちぎりで勝つ競争優位性のつくり方―』商業界。
坂本　孝・福井康夫［2014］『俺のフィロソフィ―仕組みで勝って，人で圧勝する俺のイタリアンの成功哲学―』商業界。

首藤明敏［2009］『ぶれない経営―ブランドを育てた８人のトップが語る―』ダイヤモンド社。
樋口景一［2013］『発想の技術―アイデアを生むにはルールがある―』朝日新聞出版。

（首藤　明敏）

第6章　《ファンケル》顧客オーナーシップを醸成する仕組み

§1. はじめに

『自分がファンケルの社員のような気分で，会社を良くしよう！　もっとみんなに愛される会社になってほしい……など応援する気持ちが大きくなりました。』

『自分がファンケルの一員のような親近感を覚え，ファンケルのことを聞くとすごく気にするようになりました。(笑)』

これらは，ファンケルが取り組んでいる「お客様の目委員会」の委員がアンケートに寄せた声である。顧客である彼女たちは，単にファンケルが「好き」とか，「満足」しているといった水準を超え，社員と同じような意識になっている。顧客であるにもかかわらず，ファンケルをまるで自分の会社のように感じているようだ。

ファンケルは，「お客様の目委員会」という活動を通して，このようなロイヤルティの高い顧客，いや，むしろロイヤルティを超えた水準の顧客を生んでいる。

ファンケルは，図表6-1のように，1980年に創業された企業である。創業者の池森賢二氏は，「化粧品による肌トラブルから女性を救いたい」という想いから，防腐剤などの添加物を一切入れない「無添加化粧品」を通信販売で発売した。肌トラブルに悩む女性はもとより，無添加のコンセプトに共感した顧客から熱烈に支持され，成長した。

図表 6-1　会社概要

会社名：株式会社ファンケル
所在地：神奈川県横浜市
代表者：宮島　和美
創　業：1980年4月
事業内容：化粧品，栄養補助食品などの販売
従業員数：750名
売上高(2014年3月期)：811億円
営業利益(2014年3月期)：39億円

1994年には，サプリメントの通信販売にも進出した。当時，サプリメントは高価だったが，ファンケルは高品質のサプリメントを低価格で販売し，サプリメント市場を大きく拡大した。

現在，ファンケルは，化粧品とサプリメントの2つの事業が主力だが，その他に，発芽米の販売や青汁の販売も行っている。また，1995年に直営店舗の展開も開始し，通信販売と店舗販売の2つのチャネルを利用している。海外展開は，1996年の香港を皮切りに，米国，シンガポール，台湾，タイ，中国に進出し，海外売上比率は約10%である。

ファンケルの「お客様の目委員会」は，既存顧客の中から委員を募り，委員にファンケルの店舗やコールセンターの接客応対などを評価してもらう活動である。委員は，ファンケルの店舗に出向いたり，ファンケルのコールセンターへ電話をかけたりして，接客応対の品質について評価し，「お客様の目委員会」事務局に伝える。この活動の本来の目的は，同社の接客応対を改善するための情報収集であるが，副産物として，ファンケルへ対する顧客の意識の変化が起きている。委員は，1年間の活動を通してファンケルのことを深く理解し，冒頭のアンケートの声のようにコメントするようになる。それは，ロイヤルティというよりも，ロイヤルティをはるかに超えるファンケルとの一体感といった意識である。このような意識のことを「オーナーシップ」という。つまり，「お客様の目委員会」は，顧客のオーナーシップを醸成する仕組みなのである。

このような取り組みは，他の企業でも行われている。カルビーは，「カル

ビーサポーターズクラブ」という会員組織をつくり，カルビー商品・企業活動に対するアンケートやインタビュー，座談会などを実施している。モスバーガーも「タウンミーティング」という取り組みを行っている。各地で顧客を集め，社長の講演や質疑応答，懇親をしている。各社とも，顧客の声を聞く仕組みとして有効というだけでなく，顧客が企業を深く理解し，オーナーシップが醸成される効果もあると感じているようだ。

本章では，ファンケルの「お客様の目委員会」の事例から，顧客のオーナーシップを醸成する仕組みを見ていこう。

§2.「お客様の目委員会」の取り組み

1.「お客様の目委員会」の目的

ファンケルは，創業以来，顧客サービスを重視してきた。そのため，顧客サービスに関するランキングでも常に上位を占めていた。しかしながら，創業20数年を迎えた頃，組織にややマンネリ感が出始め，サービスの品質が落ち始める。

創業者の池森氏は，これに危機感を感じ，創業の原点に戻って顧客の声に真摯に耳を傾けようと考えた。そこで設置したのが「お客様の目委員会」である。2002年10月のことである。

設置当初は，接客応対の改善のみを目的とし，比較的購入量が多く，継続的に購入してくれていた顧客を中心に約300名を委員として活動してきた。委員は，全国の20～50代の女性が対象だが，中心は30～40代である。任期は1年で，総入れ替え制となっている。

2012年，設置から10年を経過して，「お客様の目委員会」の守備範囲を広げた。接客応対の改善に加え，全社的な視点を盛り込み，企業イメージの調査も実施している。また，メンバーを約500名に増やし，比較的購入量が多く，継続的に購入してくれていた顧客だけでなく，購入期間がまだ短い顧客も委員として加えている。ライトユーザーの意見も聞こうというのが趣旨である。

目的は，これだけではない。「目的」というよりも，「副産物」と言った方が適切かもしれないが，ファンケルでは，「お客様の目委員会」で活動した顧客のオーナーシップが上昇していることを実感している。オーナーシップを直接測定しているわけではないが，ファンケルの考え方に共感してくれたり，友人への口コミ行動をしてくれるようになったりしていることがわかっている。また，購買にもつながっている。購入量が増加したり，これまで化粧品しか購入していなかった顧客が，サプリメントを買うようになったり，ファンケルの他の製品にも興味を示すようになっている。

2. 「お客様の目委員会」の活動

活動内容は，大きく3つある。

1つ目は，接客応対と企業イメージに関するアンケートである。年に2回実施している。接客応対に関しては，委員は，単にアンケートに答えるのではなく，必ずファンケルの店頭に出向いてから，その店舗の接客応対を評価することになっている。いわゆるミステリーショッパーである。また，コールセンターへも電話して，自分自身で応対を受けてから評価している。5段階で評価する項目と自由記述があり，定量的分析と定性的把握が可能になっている。

2つ目は座談会である。首都圏，大阪，名古屋などで実施している。6～7人の委員を集め，接客応対だけでなく，企業全体への要望などを，直接会って聞いている。例えば「無添加の白髪染めはできないか」「歯磨き粉を出してほしい」というような製品に関する意見もでるが，「研究開発にものすごく力を入れていることをもっとアピールした方がいいと思う」「CMでは，丁寧な製品づくりなどを伝えた方がよい」といった広告に関する内容など，全社的な視点での意見もでる。座談会方式だと，アンケートとは違って，双方向のコミュニケーションが可能なため，顧客の本音を聞きやすい。ファンケル側は，「お客様の目委員会」の事務局だけでなく，複数の経営陣も出席する。経営陣は，顧客がどのような表情で，どのような表現で，どのくらいの強さで要求している

図表 6-2　活動の流れ（2014 年度現在）

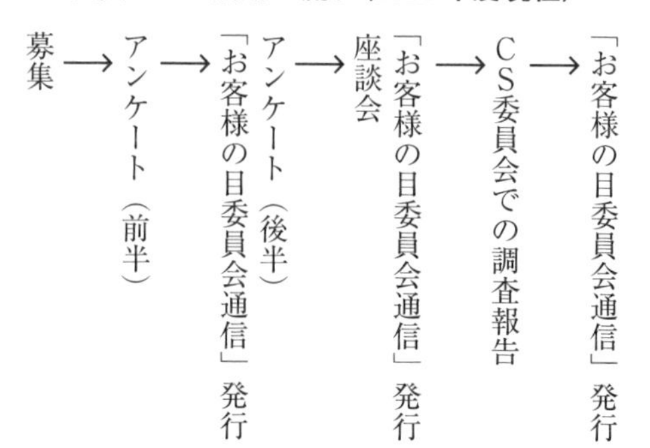

のかなど，具体的に理解できる。おそらく，後日事務局がまとめた顧客の声のレポートを読むだけは伝わらない情報も理解しているだろう。

3つ目は，「お客様の目委員会通信」の発行である。年3回発行されている。A4で4ページの冊子には，アンケート調査の結果や他の委員のアンケートに対する回答が記載されている。他の顧客のコメントを読むことで，「ああ，私と同じことを思っている人がいるわ」と共感したり，「こんな風に感じる人もいるのね」と意外な反応があることを知ったりする機会になっている。また，過去には，社会福祉法人との交流といった，あまり目立つことのない地道な企業活動について紹介し，企業の営みへの理解を深めていた。

その他の活動として，必要に応じて，任意のアンケートを実施することもある。

年間の活動の流れは，図表 6-2 のようになっている。

3. 「お客様の目委員会」の運営体制と顧客の声の伝達・活用

「お客様の目委員会」を担当している「お客様の目委員会事務局」は，ファンケルグループの本社機能を担っている株式会社ファンケルに設置されている。カスタマーサービスセンターの4つの組織の1つである「お客様視点推進事務局」内に位置づけられている。「お客様の目委員会事務局」の人員はわずか2名である。

ファンケルでは，月に数回「CS委員会」という会議が開かれている。経営陣が集まり，顧客から寄せられた声についての報告と対応策の策定が行われる。つまり，顧客の声を素早く業務に反映できる仕組みが社内に存在している。「お客様の目委員会」の活動についても，この会議で報告している。対応が比較的簡単なものについては，すぐに行動にうつされる。

関係する各部門へは，経営陣へ伝えている内容よりも詳細に伝えている。美容相談，健康相談，受注センター，お問合せ窓口，店舗へ，接客応対の改善点をまとめて伝達している。

このように，「お客様の目委員会」の活動で収集した情報は，適時に全社へ伝わる仕組みになっている。

4.「お客様の目委員会同窓会」

「お客様の目委員会」の任期は1年であるため，委員は毎年入れ替わる。だが，任期を終えた顧客から，顧客どうしのつながりを続けたいという希望があり，2013年に「お客様の目委員会同窓会」を設置した。

現在までのところ，お客様の目委員の約2割が，同窓会に参加している。意外にも，比較的購入量が多く，継続的に購入してくれていた顧客層ばかりではなく，購入期間がまだ短い顧客層も同じ割合で残る。活動は，ファンケルとの接触体験について投稿してもらうことだけで，全員がやらなくてもよい。自主的な投稿を依頼しているが，約半数の人が投稿してくれている。「お客様の目委員会」では，活動を促すインセンティブとして，通信販売や店舗で利用できるポイントを付与しているが，同窓会にはその仕組みはない。全く自主的に，貢献してくれているのである。

その投稿体験をまとめた「同窓会通信」を季節ごとに年4回送っている。同窓会員は，他のメンバーがどのように感じているのかを知り，共感したり，新しいファンケルの一面を発見したりしている。

§3.　オーナーシップの醸成

1.　オーナーシップとは

冒頭のアンケートに寄せた声からうかがえるように，ファンケルの「お客様の日委員会」の委員の一部は，ファンケルをあたかも自分の会社のように感じているようだ。単にロイヤルティが高いというよりも，それを超えた心理状態に見える。このような心理状態を表すのに，昨今，「オーナーシップ」という用語が使われている。

オーナーシップという概念を提唱したのは，ハーバード・ビジネススクールのヘスケット名誉教授らである。彼らは，オーナーシップを満足やロイヤルティをはるかに超えるレベルの心理状態（図表6-3）で，「顧客が，取引する企業をあたかも我が身のように考え，企業やその製品・サービスの成功を自分のこ

図表6-3　オーナーシップ

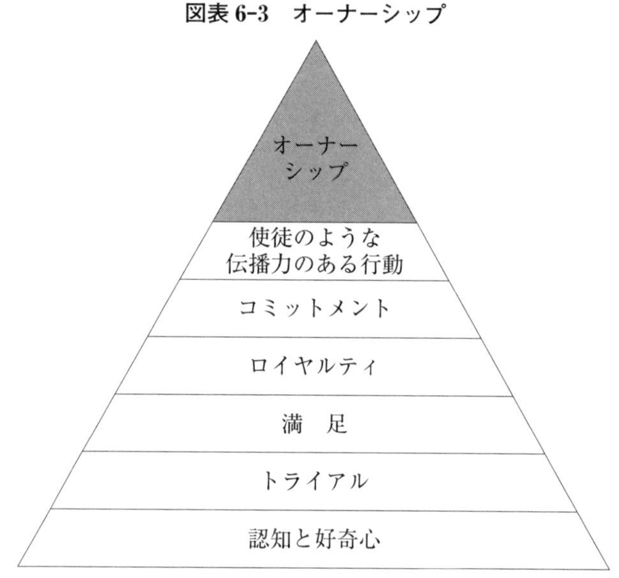

出所：Heskett, et al.［2008］.

とのように喜び，さらなる成功を呼び込むために労をいとわなくなる状態」と説明している。

日本企業に勤務する人たちには耳慣れない用語かもしれないが，欧米企業では日常的に使われている。なかには，オーナーシップを人材の採用基準としたり，人事評価の項目の1つにしたりしている企業もある。

実務の現場では「オーナーシップ」という用語が使われているが，学術的には「組織アイデンティフィケーション」という。社会心理学の用語で，「組織との一体性や帰属についての組織成員の認知」と定義されている。自分のアイデンティティに，所属する組織が(顧客の場合は，文字通り所属しているわけではないが)影響を与える程度と考えればいいだろう。

ファンケルの「お客様の目委員会」は，ある程度ロイヤルティの高い顧客をオーナーシップ，すなわち組織アイデンティフィケーションの高い顧客に変える仕組みととらえることができる。

2.　オーナーシップの効果

顧客のオーナーシップを高めると，どのような効果があるだろうか。組織アイデンティフィケーションに関する過去の研究から，図表6-4に示すような効果があると言われている。

図表6-4　オーナーシップの結果要因

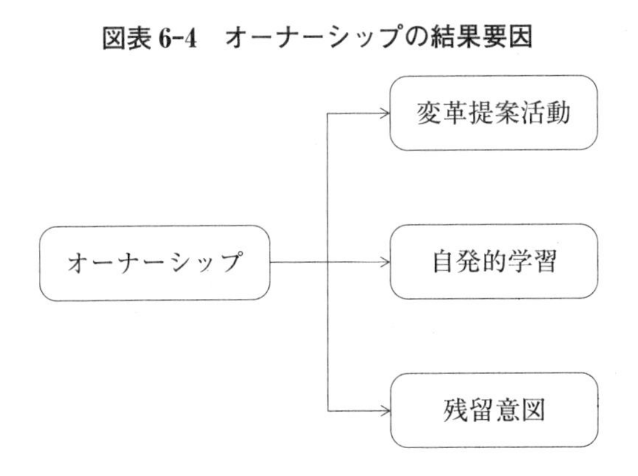

第一に，オーナーシップの高い顧客は，変革提案活動を行う傾向がある。組織に対して，積極的に改善提案をしようとするのである。ファンケルの「お客様の日委員会」の活動は，変革提案活動そのものであるが，活動への参加率が高いことが，この傾向を裏付けている。委員の多くが，すべてのアンケートに回答し，フリーアンサーへもいろいろと記述する。約9割の委員が，「お客様の日委員会」の活動を一年間全うする。

第二に，自発的な学習をする傾向が強い。オーナーシップが高い顧客は，企業の情報を積極的に収集，理解しようとする。ファンケルの「お客様の日委員会」の委員の声にも，「（これまで）なんとなく冊子を見ていましたが，以前より真剣に読むようになり，"そうなのか！"と知ることが増えました」「以前よりも今使っている化粧品に対して興味を持つようになった。普段，感じていることを相手に表現するために，製品のことなど，より関心を持って購入したり，調べたりするようになった」といったものがあり，かなり自発的学習をしていることがうかがえる。

第三に，オーナーシップの高い顧客は，ブランドスイッチをしない（残留意図）。「お客様の日委員会」の委員になった顧客とそうでない顧客との，その後の離脱率を厳密には比較していないが，「お客様の日委員会」経験者の方が，長期に顧客として残っているようだ。

3.　オーナーシップを高めるには

では，顧客のオーナーシップを高めるには，どうすればいいのだろうか。組織アイデンティフィケーションの研究では，図表6-5に示すような要因が指摘されている。

第一に，組織の価値観や習慣に独自性があれば，顧客のオーナーシップは高まる傾向がある。アップルやハーレーダビッドソンなど，個性の強い企業は，オーナーシップの高い顧客を数多く持っているが，そのような顧客は，企業の価値観に共感しているのだろう。ファンケルの「お客様の日委員会」でも，企業理念である「不の解消（世の中の不安や不便などの「不」を解消したい）」に

図表 6-5　オーナーシップの先行要因

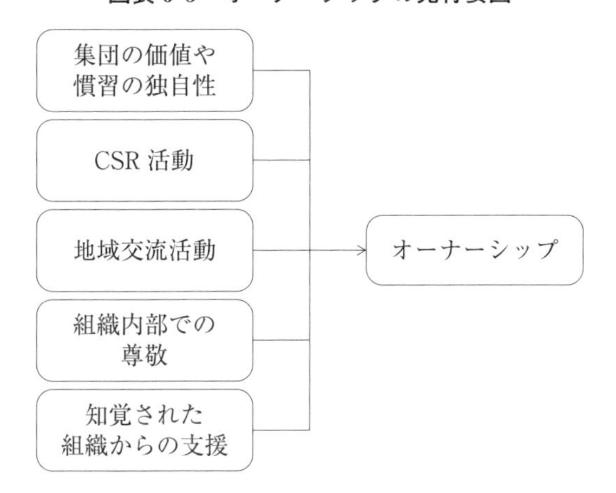

ついて問うアンケート項目が以前は入っていて，価値観の独自性を伝達していた。

第二に，CSR 活動や地域交流活動に積極的な企業の顧客は，オーナーシップが高い傾向がある。ファンケルも，東日本大震災の被災地の方々の心と体を応援するための活動である「美と健康の Save the 東北プロジェクト」や社会福祉法人との交流，野球を通じて世界中の子供たちを笑顔にする活動「ファンケルキッズベースボールチャレンジ」，障がい者の雇用を促進するために設立した株式会社ファンケルスマイルなど，様々な社会貢献活動を行ってきており，それらをアンケートやお客様の目委員会通信で委員に伝えてきた。

第三に，組織内部での尊敬が，オーナーシップを高める傾向がある。顧客に置き換えると，顧客の中で特別扱いしてもらうとオーナーシップが高まると解釈できるだろう。ファンケルの「お客様の目委員会」に参加することで，一般の顧客と自分たちは違うと感じられるし，特に座談会に参加した委員は，経営陣と直接話す機会を得られることで，顧客の代表になったような感覚を覚えるだろう。

第四に，組織から支援されていると知覚すると，オーナーシップは高まる傾向がある。顧客の場合は，手厚いサポートを受けていると感じると，オーナーシップは高まるだろう。ファンケルの「お客様の目委員会」のアンケートには，

「いつでも，どこへかけても同じレベルの上質な回答が得られ，ファンケルを選んでいる私もうれしい気持ちになりました」「想像以上に誠実な会社だなと思いました」という回答があるが，誠実に手厚いサポートをしていることを認識しており，オーナーシップが高まっていると思われる。

過去の組織アイデンティフィケーションの研究成果に沿った要因以外に，ファンケルの「お客様の目委員会」が，顧客のオーナーシップを醸成している要因を抽出しておこう。

まず，製品の特性があげられる。化粧品もサプリメントも使用頻度が極めて高い製品である。したがって，製品の使用は生活の一部になっており，習慣化している。アンケートには，「私はファンケルとともに成長してきた」といったコメントがあるように，生活を共にしてきた友達のような存在になりやすい製品と言える。

さらに，比較的関与度の高い製品でもある。ファンケルの化粧品は，肌が敏感な人が利用する場合もあるので，顧客は製品をよく吟味しているであろう。また，サプリメントも口に入れる製品なので，よく考えずに飲むということは少ないだろう。したがって，製品の情報やそれを製造する企業の情報を積極的に入手する傾向は強いはずだ。このような製品特性に由来する消費者行動は，オーナーシップが高まる基盤となっているかもしれない。

次に，オーナーシップは，製品そのものではなく，製品を提供するプロセスを顧客に見てもらうことで生まれているようである。顧客ロイヤルティは，製品の品質の良さで満足させれば高まる可能性はあるが，オーナーシップは製品だけでは高まりそうにない。その製品を製造している企業の価値観や背景などを理解することで高まっているように見える。

オーナーシップは，どのようなプロセスで高まっていくのであろうか。感動した体験を機に一気に高まるのであろうか。それとも，徐々に向上していくものなのだろうか。「お客様の目委員会」事務局の金丸氏によると，委員の多くが，ファンケルの買い物や接客で印象に残った体験があると答えているという。しかし，その中身は，「電話相談時に，丁寧に教えてもらった」とか「サプリメントの説明だけでなく，生活習慣のアドバイスもしてくれた」といった，地道な活動である。オーナーシップは，何かインパクトのある出来事で，急激に高まるのではなく，地道な活動への接触の蓄積として徐々に高まっていくものなのかもしれない。

§4. む す び

本章では，ファンケルの「お客様の目委員会」の事例を通して，ロイヤルティを超える概念である「オーナーシップ」を高める仕組みを考察してきた。過去の研究で示されている要因とともに，事例から抽出した要因についても記述した。

しかし，過去の研究において，顧客のオーナーシップに強い影響を与える要因として指摘されている，従業員のオーナーシップに関しては触れられなかった。ファンケルへのインタビューなどで接触した従業員のオーナーシップは高いと感じたが，企業全体として高いのかどうかは定かではない。

また，ファンケルは，オーナーシップの高い顧客を持ってはいるものの，業績は下降傾向である。顧客オーナーシップが業績につながる道筋は，今後の検討課題として残った。

しかしながら，顧客のオーナーシップを高める仕組みは，実務上で活用できる形で提示できたのではないだろうか。今後は，他の事例にあたることで，精緻化していきたい。

≪参考文献≫

Heskett, J. L., T. O. Jones, G. W. Loveman, W. E. Sasser, Jr. and L. A. Schlesinger [1994] "Putting the Service-Profit Chain to Work," *Harvard Business Review*, March-April, pp. 164-174.

Heskett, J. L., W. E. Sasser and J. Wheeler [2008], *The ownership quotient: putting the service profit chain to work for unbeatable competitive advantage*, Boston：Harvard Business School Publishing.（川又啓子・諏澤吉彦・福冨

言・黒岩健一郎訳［2010］『オーナーシップ指数：サービスプロフィットチェーンによる競争優位の構築』同友館。）
黒岩健一郎・牧口松二・福冨言・川又啓子・西村啓太［2012］『なぜ，あの会社は顧客満足が高いのか　オーナーシップによる顧客価値の創造』同友館。

金丸祐子氏へのインタビュー（2014年4月23日）。

（黒岩　健一郎）

第7章　《大垣共立銀行》
顧客目線で企画された新サービスによって高まる顧客ロイヤルティ
—銀行での革新的営業事例を通して—

§1.　はじめに
—銀行でありながらサービス業—

大垣共立銀行[(1)]は,「銀行はサービス業である」ことを掲げた, 岐阜県大垣市に本店のある地方銀行である。大垣共立銀行は, 銀行では初めてといわれる新サービスを次々と立案し実行しており, 顧客ロイヤルティも極めて高い銀行であるといえる。

次々と企画される新サービスには, 今では他の銀行でも当たり前となったATM(現金自動預け払い機)365日24時間稼働のほか, ドライブスルーATM, 移動店舗(ATMを含む)などがある。また時間外利用時に, ATM画面にスロットゲームを表示し, ナンバーがそろった場合に時間外手数料が無料になるATMもある。

もちろん, 新サービスはATMなどに限ったものではない。顧客参加のダンスユニットでのテレビCM作成や, 融資では, シングルマザー支援の融資サービス, さらに女性の美容を目的にした融資サービスなどもある。

このような顧客目線で企画された様々な新サービスを通して営業活動を行い, 顧客ロイヤルティを高めているのが大垣共立銀行なのである。大垣共立銀行の銀行としての革新的営業について触れながら, 本章では過去に提示された営業研究の分析フレームも使って, この事例に解釈を加えて行きたいと思う。

§2.　革新的営業活動の実際
—商品・サービス—

（1）　ATM 稼働時間の順次延長

大垣共立銀行は，銀行では初めてといわれるサービスを次々と導入してきた銀行であるが，その先駆けとなったのは，1990 年からはじまった ATM 稼働時間の順次延長であろう。大垣共立銀行は，1990 年 6 月から日曜・祝日稼働のキャッシュサービスコーナー「サンデーバンキング」を開始し，1994 年 9 月には，ATM365 日稼働の「エブリデーバンキング」を開始した。また，1995 年 1 月には，平日の ATM 稼働開始時間を午前 8 時 45 分から午前 8 時に繰り上げる「モーニングバンキング」（同年 6 月に午前 7 時に繰り上げ）も開始した。これら ATM を使った営業時間の延長は，今では他行でも当たり前だが，当時はいずれも全国初であった。

（2）　サンクスポイント・プレゼント

ATM 稼働時間の順次延長に続いて，大垣共立銀行が顧客に提供している特色のあるサービスの 1 つが，1995 年に導入され，今でも続いている「サンクスポイント・プレゼント」であろう。

このサンクスポイント・プレゼントは，いわゆるフリークエンシー・プログラムの 1 つで，今では他行でもクレジットカードとのジョイントなどで一般化しつつあるが，当時は銀行業務の従来の考え方を打ち破るものだったといえる。

このサンクスポイント・プレゼントは，顧客の総合口座を使った様々な取引に応じて，毎月ポイントが加算されるのである。例えば，公共料金の引き落としがその月にあったか，クレジットカードの支払いがその口座でなされたかなど，口座の「動き」に対してポイントが加算されていく。そして取引状況や利用額によって，そのポイントは累積していくのである。ポイントは，申し込まなくても総合口座を持つすべての顧客に付与され，貯めたポイントは，様々な特典と交換できるようになっている。

また累積されたポイントは，通帳やATMのレシートなどに印字され，顧客はそれを見て確認できるようになっている。つまり，ポイントが貯まる楽しみを顧客は味わえるのである。

このサンクスポイント・プレゼントの良いところは，何といっても，口座を使えば使うほど，毎月，ポイントが貯まっていくことにあるといえよう。そして貯まったポイントは，京都・信濃路などへの旅行や日本一周・韓国クルーズ，家電製品や健康器具，他などと交換できる。なお，ポイントは，大垣共立銀行のATM時間外利用手数料無料(1年間)や定期預金やローンの金利優遇，現金や宝くじなどとも引換えが可能となっている。

かつて銀行は，顧客に新たに口座を開設してもらったり，定期預金を組んでもらった時には，粗品を渡していた。しかし，サンクスポイント・プレゼントは，顧客の大垣共立銀行の口座を使い続けてもらう様々な取引に対して，ポイントが付与されるようになっているのである。

なお，貯めたポイントの有効期間は基本的にはポイントが貯まった月の翌年2月末までだが，のちに説明するスーパーゴールド総合口座では，ポイントを無期限で持ち越せるようになっている。

このサンクスポイント・プレゼントは，営業的にいえば顧客の囲い込みにとても効果があり，顧客ロイヤルティの向上にも十分に寄与していると思われる。

(3)　VIVA！ドラゴンズ スーパー打率定期預金

さて，趣向を凝らしたユニークな金融商品を紹介すれば，1995年に導入された，VIVA！ドラゴンズ スーパー打率定期預金などがあげられよう。これは，当時の中日ドラゴンズの主軸打者であった立浪選手や大豊選手の打率がアップすれば，預金金利もアップする，という定期預金として始まった。今でも，例年3月の終わりごろから4月上旬ごろにかけて発売され，例えば，中日ドラゴンズの選手の中で最高打率であった選手の打率の1/100を，金利に上乗せするような定期預金となっている。1名義あたりの預入限度は50万円で(ゴールド総合口座・スーパーゴールド総合口座を持つ顧客は100万円)，さらに定期預金を預け入れる際に，ドラゴンズ選手の中での首位打者を予想し，当たった場合には，抽選で様々な特典も受けられるようになっている(応募者全員を対象とした抽選も実施している)。

(4) ゴールド総合口座・スーパーゴールド総合口座

先に述べたゴールド総合口座，そしてスーパーゴールド総合口座もまた，銀行口座でありながら，特徴のある大垣共立銀行の金融商品であるといえる。

ゴールド総合口座は年間2,160円，スーパーゴールド総合口座は年間5,400円(共に8%消費税込)の口座管理手数料が必要になるが，その代わりに，ゴールド総合口座では，サンクスポイント優遇(通常の2倍)や，大垣共立銀行のATM時間外利用手数料の無料，また大垣共立銀行の本支店間振込手数料無料(支店窓口での振込は除く)や，総合ステートメント[(2)]発行手数料の無料，さらに決済用普通預金口座管理手数料(通常は年間2,160円)無料，などといった特典がある。

また，スーパーゴールド総合口座では，上記の特典に加えて，サンクスポイント優遇(通常の3倍)や，米ドル外貨預金為替手数料のキャッシュバック，さらに投資信託申込手数料のキャッシュバック，ローン金利優遇，などの特典がある。

後に述べる岐阜県・愛知県内のコンビニエンスストア・「サークルK」「サンクス」の店舗等に設置されているゼロバンクATMも，これらゴールド総合口座，スーパーゴールド総合口座であれば，すべての利用時間帯で，利用手数料が無料になる。

(5) ローン(融資)

ローン(融資)も，通常の住宅ローンやカードローンなどのほかに，大垣共立銀行には，他の金融機関にはない特色のあるものがある。例えば，不妊治療関連ローンや，女性向けの資格取得や習い事などに利用できるローンなどである。

これらの中で，女性のための離婚関連専用ローン“Rep”-f-は，慰謝料などの離婚に関わる費用(慰謝料，財産分与，弁護士費用)に，無担保で貸し付けを行う商品となっている。

また，シングルマザー応援ローン Tetote は，子育て中の独身女性向けローンで，ローン利用者は，特典として健康や育児に関する電話での無料相談が受けられるようになっている。

さらに，キレイをかなえる女性専用ローン Bi-sket は，美容整形やエステ，デンタルケアやレーシックなどを受けたり，美容器具，化粧品，サプリメントなどの購入に対して使用できるローンとなっている。

(6)　クロスセリング

このようにみてみると，大垣共立銀行が提供する金融商品は，顧客との関係を強化し，クロスセリング的な営業活動を容易にしているものが多いといえよう。ゴールド総合口座，スーパーゴールド総合口座などを持っていれば，投資信託，ローンなど，他の関連商品を購入・利用する際の優遇サービスが多く設けられており，また，サンクスポイント・プログラムによっても，様々な口座を使った取引を促す効果があるといえる。

このように大垣共立銀行の金融商品・サービスは，顧客ロイヤルティを高める営業活動を促進させる性質を持っているといえるのである。

§3.　顧客への利便性の提供と楽しさの追求

(1)　スーパーひだ1号

さて，別の側面からみると，顧客の利便性を提供することで，顧客ロイヤルティの向上を促進している営業事例も数多くみることができる。その1つが，2000年4月に運行開始した移動式店舗「ひだ1号」であろう(現在は「スーパーひだ1号」が活躍中)。これも大垣共立銀行のユニークな銀行サービスの1つであるといえる。

スーパーひだ1号は，銀行機能をのせた大型車両が飛騨地域を巡回してくれるもので，移動式の店舗として銀行業務を行っている。このスーパーひだ1号

スーパーひだ1号

（写真提供：大垣共立銀行）

には移動店舗でありながら，通常の営業店と同様のATMも搭載されており，巡回地毎に設置した通信設備または，パラボラアンテナ・通信衛星によって，同行のコンピュータシステムとオンラインで接続ができるようになっている。もちろん店舗なので，預金，払い込み，ローン相談など，通常の銀行窓口で受けられるサービスも顧客に提供されている。

大垣共立銀行は，岐阜県内でも，美濃地域に比べて飛騨地域には営業拠点が少なかった。さらにいえば飛騨地域は山間部が多いため，交通アクセスにもやや難があるといえる。そのような中で，スーパーひだ1号は，高山市周辺の，国府，下呂，古川，萩原を週1回ずつ巡回し，移動店舗として顧客に銀行サービスを提供している。

このスーパーひだ1号は，地域に貢献するサービス業として，「地域に愛され，親しまれ，信頼される銀行」を目指している大垣共立銀行の営業活動を象徴しているものであるともいえるだろう[(3)]。

（2） ゼロバンク

ATMを通しての利便性提供についていえば，岐阜県・愛知県の「サークルK」「サンクス」の店舗等に設置されているゼロバンクATMも，大垣共立銀行が顧客に提供している利便なサービスの1つとしてあげられる。

この「ゼロバンク」は，2005年3月から，岐阜県・愛知県にある「サークルK」「サンクス」の店舗等に設置され，そのほとんどが365日ほぼ24時間稼働で，大垣共立銀行の顧客は，平日午前8時から午後6時，土曜日午前8時から午後2時の間は，利用手数料無料で預金の引き出しができるようになっている。(なお，先に述べたゴールド総合口座，スーパーゴールド総合口座のキャッシュカードを持つ顧客は，このゼロバンクATMでも全利用時間帯で利用手数料は無料である。)

(3)　ATMゲームサービス

また，遊び心を取り入れたATMサービスもある。その1つが，「ATMゲームサービス」である。ATM画面に表示されるゲームで当選すれば，ATM時間外利用手数料が無料となる。

このATMゲームサービスは「ATMにゲームがあると取引が楽しくなる」という，従来の銀行にはありえなかったような発想から生まれたものである。しかし，本格的なゲームにするとATMの待ち時間が長くなり，顧客の不満にも繋がってしまう。そのため，ATMがコンピュータとオンラインで通信をしている間に終わるゲームにしたという。

このATMゲームサービスの対象となるATMは，大垣共立銀行の店舗内キャッシュコーナーと，一部の店舗外キャッシュコーナーに設置されている。なお，ATMゲームサービスには，取引に応じて表示される「スロットゲーム」「ルーレットゲーム」「サイコロゲーム」「スマートボールゲーム」の4種類がある。

これらのサービスも，大垣共立銀行が顧客に，面白味や愉快さを提供しようという，従来の銀行にはなかった営業的発想からうまれたものといえよう。

(4)　宝くじサービス

さらに，大垣共立銀行では，ATMを使って数字選択式宝くじなどを買うことも可能である。

2001年に開始した，「〈大垣共立〉宝くじサービス」がそれで，キャッシュカードを使って，ナンバーズ3・4，ミニロト，ロト6・7の宝くじが簡単に買えるようになっている。

購入方法は，大垣共立銀行のキャッシュカードを使い，ATM の画面で宝くじの種類や番号を選ぶ方式となっている。購入代金は預金口座から支払うが，当選した場合は，当選金はもちろん購入代金を支払った預金口座へ自動的に振り込まれる。

(5) ドライブスルー ATM

ATM によって顧客に利便性を提供しているさらに面白いものといえば，ドライブスルー ATM というものもある。自動車から降りることなくドライブスルーで ATM サービスを受けられるものである。

羽島支店と，ドライブスルーながくて出張所の 2 店舗に設置されているのがそれで，車の大きさや停車した場所に応じて，ATM が自動で操作しやすい位置へ移動してくる ATM である。より具体的に言えば，自動車のドアやウインドウにあわせて ATM に昇降・幅寄せ機能が付いており，車高の高い車などでも不自由なくお金の出し入れができるようになっている。

なお，ドライブスルーながくて出張所では，ATM だけでなく，顧客は車に乗ったまま，ドライブスルー窓口(2 ヵ所)で，通常の銀行サービス(融資など一部の取引は除く)も受けられるようになっている。

(6) 手のひら認証

大垣共立銀行は，最先端の革新的な機械技術を使ったサービスも，導入し展開している。その 1 つが，手のひら認証 ATM“ピピット”である。

これは手のひらだけで預金の引出し・預入れ・残高照会・振込みができる ATM であり，2012 年 9 月から稼働している。利用者本人の「手のひら」のほか，「生年月日(和暦)」，「キャッシュカードの暗証番号」の入力で ATM サービスを受けることができるようになっている。

もちろん，キャッシュカードや通帳を携帯していなくても構わない。これにより，災害などでキャッシュカードや通帳をなくした時でも銀行サービスを受けられる。

また，この認証方式は，単に顧客の利便性を高めるだけでなく，成り済ましなども防ぐことができるであろう。これは，東日本大震災で被災者が銀行預金を引き出せないでいるのをみて，考案されたという。

（7）　顔認証貸金庫

革新的な認証方法という意味では，さらに顧客の顔による認証を取り入れた貸金庫を設置している支店もある。名古屋支店(エブリデープラザ“ラシック”)にある貸金庫がそれで，2005年3月から，全国初となる顔認証システムを装備した全自動貸金庫が設置されている。貸金庫入口にある認証機器が顧客の顔の輪郭や骨格，目や鼻の位置などを読み取り，本人であることを確認する貸金庫となっている。

（8）　特徴ある店舗(エブリデープラザ，O. K プラザ，コンビニプラザなど)

さらに，他行にはない特徴をそなえた様々な店舗もある。エブリデープラザ，O. K プラザ，コンビニプラザと呼ばれる店舗がそれである。これらの店舗も，顧客に利便性や楽しさを提供するものとなっている。

例えば，トヨタ自動車が異業種とのタイアップで建設した「カラフルタウン岐阜」に出店している「エブリデープラザ柳津(柳津支店)」では，365日年中無休で現金出納等すべて(営業時間は毎日9時から20時まで，18：00以降は相談業務のみ)の窓口営業を行っている。フルバンキング機能を備えた年中無休のインストアブランチでは，第二次世界大戦後では全国金融機関初であるといわれている[(4)]。

また，「エブリデープラザ春日井(イオン春日井出張所)」は，行員が女性のみの店舗となっている。なお，開設に当たっては，一般公募により採用された流通サービス経験のある主婦を出張所長に任命している。

そして，「O. K プラザ」(4店舗)は，平日15時以降や土曜・日曜・祝休日に，個人向け相談業務を行う店舗である。

取り扱われる業務や営業時間は，その店舗によって異なるが，このようなエブリデープラザと呼ばれる店舗は9店舗ある。これらは，平日の午後3時までに来店できない顧客や，休日にしか来店できない顧客に利便性を提供しようという発想からできた店舗である。

さらに，「コンビニプラザ半田(半田支店)」という，コンビニエンスストアをモデルとした店舗もある。この店舗では，外観からサービスに至るまでコンビニの特徴を採り入れている。例えばこの店舗では，商談でリラックスできるように，和風やキッチン風の商談室が用意されている。支店内の配置も窓側に雑誌コーナーを置いており，行員もコンビニ店員風の制服を着ている。この店舗の開設にあたっては，同行の異業種研修で，コンビニエンスストアの店長を経験した行員の意見が反映されているという。

このように，大垣共立銀行は，コンビニエンスストアと銀行というような異業種からヒントを得た店舗の展開も行って，顧客ロイヤルティを高めているのである。

(9)　革新的サービス・営業活動とアイデア探し

このように様々な特徴のあるサービスや営業活動を企画し，実施しているのが大垣共立銀行なのである。

大垣共立銀行のモットーの1つは，銀行でできないことがあれば，他とパートナーを組んでもやる，ということであるという。すべてはお客様の満足のために「どうしたらお客様に喜んでいただけるか」という考えのもとで，営業活動を進めている。それが，銀行で全国初といわれる様々なサービスや商品開発になっているのである。

このような新商品・新サービスのアイデア探しも大変であろう。業務開発部の担当者はあちこちに出かけて行って，様々なアイデアを探しているという。

また，従来の銀行ではありがちな硬直的な思考を打ち破れるような人材の育成にも，大垣共立銀行は熱心である。テレビ局や都内のホテル，携帯電話会社，コンビニエンスストア，さらには製造業など，様々な業種に研修で行員を出向させているのは，そのあらわれであるといえよう。

大垣共立銀行の様々な新商品・サービスは，マスコミでも取り上げられるが，直ちに数値には置き換えられないものの，広告宣伝の効果とすれば多大なものになるはずである[5]。もちろん，新商品・新サービスを立ち上げるにあたっては，銀行内のコンフリクトもあるであろう。これについていえば，意見の対立などがあった場合には，顧客にとって望ましいものは何であるかを最終判断基準にしているという。このように，顧客ロイヤルティを高められるような営業活動を，積極的に推し進める企業文化が大垣共立銀行には存在しているのである。

§4.　営業研究で提示された分析フレームと大垣共立銀行の事例

（1）　営業とは：営業の意味

さて，営業という言葉の意味のとらえ方には，幅広さがあるといわれている。また状況によってその意味が微妙に異なるともいわれている。具体的にいえば，営業という言葉は大きく分けて，3つの意味で使われていると考えられている。

1つには全社営業，というような全社経営的な意味で使用される場面である。「営利を目的として営まれる企業の事業活動」を総称して，営業という言葉が用いられているといえる。企業の活動は全社的に顧客や市場に対処すべきであり，事業活動はすべて営業活動である，というような意味で営業という言葉が用いられる。

2つ目には，「顧客に対処するマーケティング活動」の総称として用いられる場合がある。顧客や市場に直接対処する営業部門のほか，それをサポートするマーケティング部門の活動，そしてそれらを管理・支援する活動を総称して営業という言葉が用いられている場合がある。

そして3つ目が，狭い「販売(セリング)」という意味で用いられる場合である。モノを販売するという限定した狭い意味で用いられる場面は，われわれにもなじみが深いが，日本語としての「営業」は，英語のSelling(セリング＝販売)より，幅広い意味で用いられることが多いといえるであろう。

なお，狭い意味でのSelling(セリング＝販売)に絞った研究は，米国では数多く行われているものの，状況によってその意味の広さが異なる日本的な「営業」は，残念ながら，それほど多くの研究がなされているわけではないといえる。

(2)　営業戦略・行動と成果

そのように蓄積の多くない営業研究の中で，清宮［2004a］は，営業部門において，自律的・積極的に選択される営業戦略・行動は，次元の異なる様々な成果に，大きく寄与することを示している。

営業部門で自律的・積極的に選択される営業戦略・行動とは，競争他社との差別化や，機動的な顧客や市場のカバー，さらに提案型営業の実施，などである。また次元の異なる成果とは，営業員への効果，顧客・市場への効果，企業業績での成果の3つである。これらの中で，営業員への効果とは，営業員の動機付け向上や，営業員の役割期待の明確化，そして営業員の業務満足度向上などであり，顧客・市場への効果とは，顧客満足度向上や，顧客関係の強化などのことである。また，企業業績での成果とは，売上・利益，販売数量の増大などである。

営業部門で自律的・積極的に選択される営業戦略・行動は，これら次元の異なる3つの成果を同時に高める傾向にあるというわけである(図表7-1参照)。

振り返って，大垣共立銀行の事例を考えてみると，一律的なトップダウンではない，行員の自由な発想や行動を尊重した営業活動が，様々な成果に結びついていっているというのは，まさに，銀行の全社的な営業活動の中で，自律的・積極的に選択された営業戦略・行動が，次元の異なる様々な成果(営業員への効果，顧客・市場への効果，企業業績での成果)を高めている事例といってよいのではないだろうか。

(3)　営業管理様式と成果

さらに，清宮［2004b］［2006］では，営業管理において，成果主義的な管理が強く行われる場合には，次元の異なる3つの成果のうち，企業業績での成果，を弱いながらも高める傾向にあるとしている。

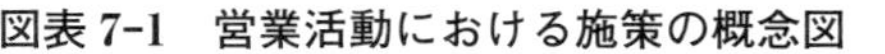

図表 7-1　営業活動における施策の概念図

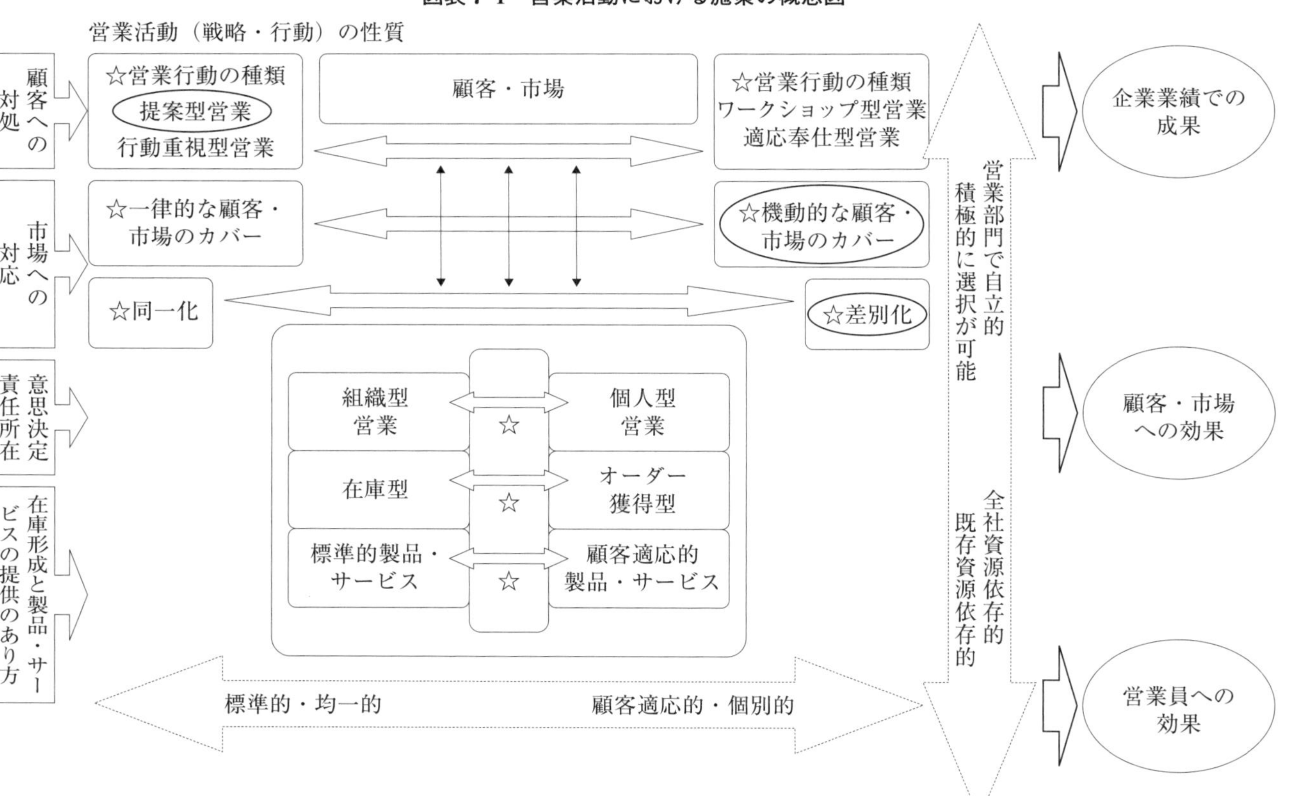

出所：清宮［2004a］より一部修正。

その一方，行動主義的な管理が強く行われる場合には，営業員への効果と，顧客・市場への効果を強く高め，それに応じて結果として，企業業績での成果も高まることを示している。

これらの因果関係を整理すると，図表7-2のようになるであろう。成果主義的な管理と行動主義的な管理は寄与する成果が異なり(図の①，②)，行動主義的な管理は，営業員への効果や，顧客・市場への効果を強く直接的に高め(図の②)ながら，それによって，間接的にも，企業業績での成果を高めることができる(図の③)というわけである。(6)

清宮［2004b］［2006］で提示された分析フレームも，大垣共立銀行の事例をより良く解釈できるもの，といえるのではないだろうか。

大垣共立銀行の行員管理と評価は，従来の銀行では中心となっていた成果主義的な管理(預金口座数，預金額，融資額などの数値にあらわれる成果を管理・評価する)に，行動主義的な管理(どのような仕事をしたか，顧客に喜ばれるものを考えたかというプロセスや行動内容を管理・評価する)をうまく組み合わせることで，管理や評価がなされていると考えられよう。

図表7-2　営業管理様式と営業成果の因果関係

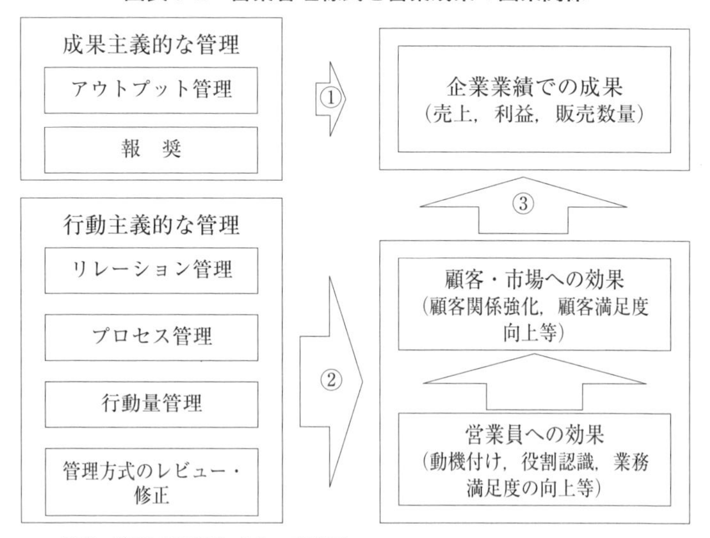

出所：清宮［2004b］より一部修正。

成果主義的な管理は，預金額や融資額の獲得には効果があるものの，それに対して，大垣共立銀行が，行員たちの自主性を尊重して行っている行動主義的な管理は，大垣共立銀行の，顧客との関係強化や顧客満足度向上に大きく寄与しており，結果として，大垣共立銀行の企業業績にも好影響をもたらしているといえるのではないだろうか。

特に最終的な判断は「顧客にとって望ましいもの」を選ぶという基準に基づく行動指針は，行動主義的な管理が重視されていることのあらわれであるといえよう。

このような管理がなされる背景には，銀行を取り巻く経営環境が，かつてのように安定的ではなくなっており，競争の激しい不安定なものになっていることもあるといえよう。そのような環境の下では，成果主義的な管理も重要ながら，状況に応じて様々な考えをめぐらし遂行できる行動主義的な管理を，うまく組み合わせることが必要となろう。大垣共立銀行の事例は，まさにそれをうまく実践している事例といえるのではないだろうか。

§5. むすび

少々前になるが，週刊ダイヤモンドが2005年に行ったイメージ調査「つきあいたい銀行ランキング」では，全国展開しているメガバンクを抑えて，大垣共立銀行が堂々の第1位を獲得した[(7)]。これまで述べてきたように，大垣共立銀行は，この調査の中でも「ATM・店舗」や，「行員の接客・対応」の迅速さ・親身さなどで高い評価を得て，イメージでも「誠実さ」,「親切さ」など好印象をもたれている結果となっており，「顧客目線」に立った良質のサービスを提供していることが，うかがえるものとなっている。

さらに，2005年，2006年に行われた日本経済新聞の金融機関の顧客満足度評価でも，大垣共立銀行は，それぞれ全国3位となった[(8)]。日本経済新聞の金融機関の顧客満足度ランキングは，それ以降も毎年のように行われているが，大垣共立銀行は常に10位以内の上位にランクインしており，直近の2014年では

第4位となっている。(9)

これらの調査結果は，まさに大垣共立銀行が顧客目線に立って，顧客ロイヤルティを高めるような営業活動をしているあらわれであるといえるであろう。

このような活動を行っている大垣共立銀行だが，なぜ新サービスを次々と企画できているのだろうか。それは大垣共立銀行が「銀行はサービス業である」と自らを定義しただけでなく，行員一人一人はもちろんのこと，銀行組織が一丸となって，全社的な営業活動の中で，「お客様の目線に立ってのサービス」を常に追求し，「真のサービスとは何をなすべきか」を考え続ける営業活動ができているからだといえるのでないだろうか。

マーケティング研究で近年焦点を当てられているサービス・ドミナント・ロジックでは，「モノ」と「サービス」という従来の区分を廃し，様々な事業活動を，顧客に価値を提供する総合的なサービスとして，分析を行おうとしている。この視点からすれば，銀行以外のモノをつくる製造業や非営利団体の活動なども含めて，すべての事業活動はサービス業であるという分析視点で，その活動をとらえ直すこともできる。

しかし，ただ単に自分たちはサービス業だと認識するだけで革新性が実現できるわけではない。それを実現するためには，大垣共立銀行のように組織全体でそれを共有し，全社的な意味での営業戦略や行動，管理をしっかりと遂行して行くことが重要であるといえるのでないだろうか。

<注>

(1)　大垣共立銀行は，明治初期に，金禄公債の運用先を求めた旧・大垣藩士たちに設立された第百二十九国立銀行の営業を，1896(明治29)年，普通銀行に転換する際に継承したものといえる。当時の国立銀行は，士族・華族が設立した「華士族のための銀行」がほとんどで，多くの銀行が普通銀行への転換時に，「国立」という名前を取って，以前の名称を引き継いだ。

しかし大垣共立銀行は，第百二十九国立銀行から営業を引き継ぐ時に，「士族」のための銀行でなく，「平民」にも資する銀行として，旧行名は使わず，士族と平民で共に立ち上げるという意味で，「共立」という名称を取り入れたといわれる。つまり大垣共立銀行という名称は，士族と平民が共同で，地域に密着するとしての思いを込めた名称だったのである。

(2)　総合ステートメントは，大垣共立銀行との取引内容が一目でわかる総合取引明細書である。発行には総合ステートメント「スーパーONE」の申込みが必要であるが，ライフスタイルに合わせて，発行回数(年2回・年4回・毎月)や受取り方法(郵送方式・インターネット方式)が選択できる。郵送方式では216円(消費税込)，インターネット方式では108円(消費税込)の発行手数料が必要となるが，スーパーONEの代表口座が，ゴールド総合口座やスーパーゴールド総合口座の場合は，発行手数料が年2回無料となる。ステートメントの内容は，預資産や借入の残高推移，商品別の比率(資産ポートフォリオ)など，顧客自身の資産状況が一目で把握できるものとなっており，外貨預金や投資信託の時価額も算出されて，給料や年金などの受取，公共料金やクレジットカード，デビットカード等の支払いも，項目ごとに集計されている。また，毎月のサンクスポイントの推移も表示され，その有効活用が行えるようになっている。

(3)　岐阜県庁の指定金融機関は，2015年度以降，十六銀行から大垣共立銀行へ交代する。

大垣共立銀行は，岐阜県内では，岐阜市に本店を構える十六銀行とは対照性を見せている。例えば，1973年に大蔵省(当時)の反対を押し切って建設した17階建の本店(もともとは20階建ての計画だった)は，“十六(16)を超える”という意味があると噂されたりもした。なお17階建ての本店は，当時は東海地方のビルとしては最も高層のビルであったという。

(4)　明治29年の開業時も，開業宣伝広告に，「日曜休みなし」というメッセージが大書きされている。しかし，これがいつまで続いたかは明らかでない。

(5)　テレビCMの作成にも，大垣共立銀行はユニークな手法を取り入れている。テレビCM公開オーディション「OKBダンスコンテスト」がそれで，大垣共立銀行のCMに出演するダンスチームを一般から公募しようというものである。

これは，岐阜県・愛知県・三重県・滋賀県に居住している，保育園・幼稚園，小・中・高等学校の学童・学生が募集対象となっており，「笑顔で楽しく，可愛く踊る」キュート部門と，「笑顔と技術が自慢」のクール部門の2つの区分で，出場チームを公募している。

これに出場するチームは，テレビ放映されている大垣共立銀行のCM曲でオリジナルダンスを2回踊ってその踊りを競う。このコンテストでグランプリを取得したチームや準グランプリ・3位に入賞したチームなどには，大垣共立銀行のCMへの出演を依頼したり，さらに特別賞を得たチームにも大垣共立銀行のCMに出演を依頼する場合がある。

(6)　清宮［2004b］［2006］では，従来のマーケティング研究で通説となっている，営業員への効果と顧客・市場への効果が高まれば，それに応じて企業業績での成果が高まることを，調査データを用いて検証している。これらの因果関係を整理すると，図表7-2のようになるわけである。

（7）『週刊ダイヤモンド』(2005年10月22日)より。
（8）『日本経済新聞』(2005年8月24日)，(2006年8月24日)より。
（9）『日本経済新聞』(2007年12月12日)，(2008年12月14日)，(2010年1月10日)，(2011年1月8日)，(2012年1月8日)，(2013年1月20日)，(2014年1月26日)より。

≪参考文献≫

大垣共立銀行編［1997］『大垣共立銀行100年史』大垣共立銀行。
大垣共立銀行編［2007］『PASSION for FUTURE―真のサービスをめざして―大垣共立銀行110年史』大垣共立銀行。
清宮政宏［2004a］「営業活動で指向される戦略・行動とその成果に関する一考察―顧客適応的・個別的な活動の効果と限界―」『マーケティングジャーナル』日本マーケティング協会，No. 93，56-72頁。
清宮政宏［2004b］「営業管理様式と営業成果の因果関係に関する研究―行動主義的な管理の具体的な効用と成果に関して―」『流通研究』日本商業学会，Vol. 7, No. 2，91-112頁。
清宮政宏［2006］「営業管理様式と営業成果の因果関係に関する研究」筑波大学大学院ビジネス科学研究科博士学位審査論文。
住谷宏編著［2006］『地域金融機関のサービス・マーケティング』近代セールス社。
戸谷圭子［2007］『隠されてきた銀行の真実』ファーストプレス。

（清宮　政宏）

第8章　《ネッツトヨタ南国株式会社》
顧客ロイヤルティを通じて仕事のやりがいを追求する

§1. はじめに

ネッツトヨタ南国は，「人間性尊重の理念に基づき，第一に従業員満足を追求する。そして，その従業員が求める私たちのあるべき姿として，お客様満足を追求し続ける」という信念に基づく経営を行っている。

手応えがなく断られ続ける新規顧客発掘のための訪問販売活動を禁止し，むしろ顧客が来店しやすく，訪問時には快く過ごしてもらう店舗や環境を整備することで，コミュニケーションや相談を重ねて購買してもらう，という営業活動を実施している。そのため社内の協力を大事にし，営業担当者には売上ノルマを課さない仕組みにしている。売上や規模といった「量」を追う経営ではなく，従業員のやる気(ES)のためにお客様満足(CS)を求めるという「質」を目的とする経営を指向していることに特徴がある。

同社では，関わるすべての人が高い満足感を感じてもらうこと，「全社員を人生の勝利者にする」ことを意図して，以下のような経営ビジョンを掲げている(1)。

1. 真のお客様サービスを創造・実践する
2. 考える―発言する―行動する―反省するという参画のプロセスを重視し，社員の成長と自己実現の機会を高める
3. お客様とビジネスパートナー，地域社会との発展的な関係構築から学習を重ね，独自性と主体性を発揮する

この信念やビジョンを実現するための政策や組織は，トヨタが実施するお客様満足度調査において，全国のトヨタ販売会社(約300社)の中でナンバーワンを継続するという結果をもたらしてきた。また2002年には日本経営品質賞(中小規模部門)を受賞するなど，同社の経営は，ディーラー経営の「常識」を超えた取組みとして評価されている。

(1) 沿　革

ネッツトヨタ南国株式会社は，1980年にトヨタの新たなブランドディーラーであるビスタの1社であるトヨタビスタ高知として誕生した。同社は四国においてトヨペットなどトヨタの全ディーラーチャネルを扱っていた西山グループが販売権を取得したものである。

その後トヨタのディーラーチャネルの統廃合によって，2004年に現在のネッツトヨタ南国に社名変更をして，現在に至っている。同社を立ち上げた西山グループは，自動車関連のみならず，化学工業や産業資材商社，ゴルフ場など32社を擁する，四国を地盤とする企業グループとなっている。

西山グループの資本家(創業家)の一員である横田英毅(当時副社長，その後社長を経て現在取締役相談役)が実質上のトップマネジメントとして，同社の経営にあたることになった。横田副社長は自動車ディーラー業界の出身ではないこともあって，グループ内のディーラービジネスの経営とも大きく異なる経営を指向することとなった。創業ほどない1980年代半ばに「わが社をどんな会社に育てたいか」というアンケートをとり，そこに掲げられる不満について考えみた。その結果「顧客に喜んでもらえることが社員の満足になり，仕事に喜びをもつ社員が接することで顧客にもっと喜んでもらえる」という好循環があれば解消すると気づく。そして社員が自ら考え，取組み，顧客に喜んでもらえるような経営を中心に据えるようになった。

いわば社員の満足や仕事へのやる気を基軸に据えて，顧客の満足とロイヤルティを得られる活動を行っていくのである。その結果顧客の満足が高いだけでなく，創業当初は他社並みの8～10%あった離職率も，現在では約2%程度と極めて低くなっている。従業員は131名おり，毎年コンスタントに新車販売台数も伸ばしてきた。その結果対前年増収を続けて，2009年には30億円強であった売上高が50億円(2014年3月)を超えるに至っている。

(2)　なぜネッツトヨタ南国か

同社の取組みは，従業員，顧客／ステークホルダー，会社(経営)の3者間で一貫して信頼とロイヤルティを持ち続けられる関係を生みだし，それがスパイラルアップされていると見ることができる。

その最大のカギは，「CSはESのために希求している」という考えを徹底している点にある。従業員による顧客への働きかけや貢献が基軸となって，この経営の仕組みが回っている。同時に大事な点は，理念の実現だけでなく，環境条件に対する合理的な取組みが重合して行われていることである。それは新車の買替需要が長期化し需要量が伸び悩む中で，既存顧客との関係性の維持が大事であり，またディーラー経営の収益性においてはサービス(整備等)が重要であることなどに応える取組みである。つまり経営成果を上げることを第一義にしていないとしても，成果が上がる仕組みを持っているのであり，それが従業員の心理や行動，顧客の満足やロイヤルティと行動とうまく結合しているのである。

このような取組みは，ドラッカーや嶋口充輝が言うように，企業の目的は「顧客の維持と創造」であり，その実現結果として収益が生まれる，とすることと同様のことを示している。同社の場合は，この顧客の維持と創造の前に，従業員の満足(やりがい)が目的設定されているとみてよいであろう。

例えば収益から取引関係をみれば，顧客と自社(経営)の間はトレードオフが生じる。どれだけ値引きをするかという線引きは，顧客のコスト増減と自社の売上利益の減増に直接影響する。これに対して同社は，自社(従業員および経営)が拠って立つところを明確にすることで，少なくともこの3者のトレードオフを排し，良好な三位の関係を構築している。同社が一貫性をもって施策群を実施することによって，このような関係ができているのであり，個々の特徴的な施策や方法だけによるものではないのである。

§2.　自動車マーケットとディーラー業界の動向

ネッツトヨタ南国が成長を続ける一方で，国内の自動車販売のマーケットの状況がどのようになっているかについて概観してみる。

1.　自動車マーケットの動向

自動車産業はいうまでもなく日本を代表する産業であり，その中でもトップであるトヨタ自動車はまさにグローバル化した製造業として，世界で生産台数の首位を争うに至った。自動車産業はかつて日本国内生産を主とする輸出モデルであったものが，80年代の貿易摩擦での輸出自主規制を経て，現地生産化と高級車セグメントへのシフトによって，売上・利益をあげられる産業となった。その成長の一方で国内生産は減少してきており，輸入モデルや輸入車を含めても国内の自動車販売は伸びない状況にある。

2013年度の新車登録台数は343万台，軽自動車の販売台数は226万台で，計569万台となっている。2010年度の計460万台からは増大したものの，2005年度以前が580万台を超えていたことからすれば，景況や環境(消費税等)による変動を受けた増減が見られる成熟マーケットとみることができる[(2)]。

また初度登録されてからの経過年数の平均を指す平均車齢は，乗用車では2001年度に6年を超え，2013年度には8.1年になっていることから，購買後のライフサイクルの長期化が見て取れる。そして平均使用年数(新車登録から抹消登録までの期間の平均)も2001年度に10年を超え，2013年度には12.6年に至っている[(3)]。これらの増加傾向は，自動車を長く使用するユーザの指向を明確に示している。

このようなユーザの使用傾向を踏まえ，従来の成熟化に加えて今後さらに少子化・高齢化が進み，いわゆる若者の車離れ等に伴うユーザ人口が減少すること等も勘案すれば，将来的な自動車マーケットの買換需要は減退していくと想定される。

2.　自動車ディーラーの経営

自動車の販売に際しては，ディーラーが顧客との接点になる。そもそも産業全体のビジネスシステムには，素材／パーツのサプライヤー，開発と生産(アセンブル)の自動車メーカー，ディーラーチャネルがある。顧客の購買を受けて，さらにメンテナンスや保険などのサービスも存在している。

ディーラーとユーザとの直接的な接点は，販売／購買時点，メンテナンス(年次や車検対応等)，その他サービス(保険など)が中心になる。メンテナンスや保険などは代替サービス業者が存在するものの，ディーラーは販売からその他までをカバーしている。また新車の販売以外にも中古車の買い取りや販売といった顧客接点もあることから，ディーラーチャネルは直接的な顧客接点の中核となっている。

ディーラーの経営は，新車販売，中古車販売，サービス・パーツ等の３つに大別されるビジネスからなっている。平均的に見れば，売上の６割強が新車販売，１割強を中古車販売，２割強をサービス部品が占めるとされている。一方で売上総利益では，新車販売は４割弱，中古車は１割強，サービス他が５割の構成になる[(4)]。売上と売上総利益の構成ギャップは，売上を意識すれば新車販売に意識が向けられるものの，収益性を考えればサービス他に重要性があることを示している[(5)]。しかしディーラーは完全な地域排他性にはないため，成熟したマーケットで激しい販売合戦を行っており，売上ノルマ管理が行われている。

新車を中心に自動車購買のマーケットが成熟していることを背景に収益性を勘案すれば，自動車販売はメンテナンスなどのサービスも含めて顧客に提供することが必須となってきた。いわば個々の顧客における自動車のライフサイクルに対応して，その支出を向けてもらえる相手になれるかが，ディーラーとして問われるようになってきている。

3.　顧客の選好

自動車ディーラーは日本では殆どがメーカー別の専売チャネルであり，さらに同一メーカーでも車種によって複数のディーラーに分けられている。例えばトヨタ自動車ではトヨタ店，カローラ店，トヨペット店，ネッツ店と４種(レクサスを入れれば５種)あり，各々に専売と併売の車種が設定されている。

自動車というモノは比較的高額の買い物であり，関与度が高い顧客が多かったため，私たち消費者はメーカーや車種ブランドというハードについて，満足度やロイヤルティを感じる面がある。そのため車種ブランドを軸にディーラーが構成されてきたとみられる。一方でディーラーは人的な接点を中心とするプッシュ型の販売やサービス提供などを行うため，それが顧客の購買プロセスに対して有効に機能すれば，私たちはそれらのサービスへの満足を感じ，ひいてはディーラーや営業担当者にロイヤルティを持つ面もあるであろう。つまり顧客の立場からすれば，自動車の購買や保有するライフサイクルにおいて感じる満足・ロイヤルティには，ハードとサービス(ソフト)の両方に契機があるといえる。

ハードだけに目を向けて如何に安く購買するかという価格志向の顧客は，競合するディーラー間で同一車種の相見積りを取って，値引きを大きくしようとするであろう。逆にサービス(ソフト)を中心にディーラーや担当者との関係を志向する顧客は，限られた取扱い車種の中からでも選択をすることになる[(6)]。

4.　ネッツトヨタ南国の経営

このように成熟した国内の自動車マーケットにおいて，ディーラーは基本的には一定の地域に縛られることから，顧客を争奪する競争もしつつ，主として既存顧客とのリレーションを重視していくことが求められるはずである。環境から望まれる経営の方向に対して，ネッツトヨタ南国はどのような経営を行ってきたのかについて概観していく。

(1)　人財としての従業員

他のディーラーと決定的に異なり，ネッツトヨタ南国が顧客に支持されている要因は「人」が違うからであるという。一般に自動車ディーラー業界は離職率も高く，人材の採用に苦労するとされる。そのような環境下にあるが故に，同社を敢えて選ぶ人は仕事に魅力を感じる人が来てくれるのであると考え，やりがいを求める人を採用することを意識してきた。そこでの取組みは，採用面接に少なくとも30時間(多ければ200時間)もの時間をかけることで，自社の内部を曝け出して理解してもらうと同時に，様々な部署の従業員と話をしてもらうというものである。このプロセスを通じて，価値観が合うと思える人に入ってもらうことにより，給与等の外発的な動機ではなく内発的なモチベーションで成長し，組織の中で仕事のやりがいを感じてもらうことを意図している。入社してから従業員のベクトル合わせを行うのではなく，最初からベクトルが合っている／合いそうな人に入社してもらうために，採用に大きな時間・費用を投じているのである。

そして入社後は業務のマニュアルがなく，上司も指示を与えないで，営業の前線に送り出される。その場面で顧客について気づきを得たり，より良い対応を模索したりすることを通じて，自律的に考え行動するという成長育成がなされると考えている。また顧客との関係を第一に考え，同僚と連携してそれを良くしていくというマインドを醸成することで，組織内でのコミュニケーションも向上していくのである。このような育成は，上司が顧客対応を委任すること，そして生じるであろう失敗について許容することがあって成り立っている[(7)]。

また同社は販売に際して，営業の売上ノルマを取りやめてきた。営業がノルマを競い合って販売を行うことは，直接担当する以外の顧客を顧みなくなることになる。それを避けて，チーム・組織で顧客対応と販売を行うためである。この取組みは，営業活動の中心を顧客との親密な関係性におくこととしたからでもある。

現在では営業担当の活動のうち半分を既存顧客のフォローとして，セールスではなく点検や車の具合を伺うために使っている。それらの既存顧客は時間がかかっても，再購買や紹介購買という成果をもたらしてくれる。このように着実な関係性をもとに購買してもらうことは，飛び込み客に対し偶発的に販売したことと同じように扱うことはできないと考えている。そのため例えば「販売一台ごとに営業担当に報奨金」という成果評価を行うことは適さなくなる。その結果同社では「売り方の質」を評価することにして，信頼関係の構築を重視している。例えば「前任者から引き継いだ顧客への販売」「購入者の紹介客への販売」「他社で購入した車の整備」などに高い評価を与え，販売プロセス全般での活動を評価するようになった。このように短期的成果を排して，顧客への貢献を行い社内でも協力的な行動を行うことを「経営品質」の強化と実現ととらえている。

（2）　顧客へ長期的な関係性を指向

端的に言えば，ネッツトヨタ南国は自動車を売ることを目的にしていない。購買意思決定のプロセスが進んでいて，直ちに交渉にはいるような「hot 客」を追い求めるのではなく，むしろ直接販売に結実しにくいイベント集客に向けても従業員がエネルギーをかけることを後押ししている。そしてメンテナンスや保険などのサービス依頼を受けることを重視している。これらは顧客の求めに応じていくという顧客視点であると共に，見込み顧客による短期的な売上よりも，長期的観点に立った関係性を大事にすることの現れである。顧客は車を買わない時でも来店や依頼をしやすくなるし，従業員も何かと売りつけようとしないで済むため，接客が楽しくなるという相乗効果が生まれてきていると考えられる。

顧客視点に立った対応を受けて，顧客は個々の従業員に感謝や感動を伝えることがあり，それが直接的に従業員のモチベーションを喚起している。当然会社に対してもその想いは向けられるため，両者への満足やロイヤルティが一層増していくことになる。

そして同社が取っている長期的な関係性を大事にする取組みは，結果としてそれに感応する顧客が引き付けられ，付き合いが活き続けることを意味していると考えられる。値引を重視する価格選好が強い顧客は，自動車の購買に際して値引きが少ないことが周知である同社を訪問利用しないであろう。そして関係性を重視し現状の付き合いに満足している顧客は，口コミや紹介という「活性度」も高くなるから，周りにいる新たな見込み顧客を同社に導いてくれる可能性高いことも想定される。

（３）　会社（ディーラー経営）

ネッツトヨタ南国は，開業時にこれまでと異なる「来店型のチャネル」づくりを考え，当初の数年で飛び込み営業も取りやめた。そこで，購買などの目的以外でも顧客が立ち寄りやすく，もっと行きたいと思わせるような店舗づくりを行ってきた。ホテルラウンジのような内装の店舗でモーニングサービスなどを提供しており，ディーラーでありながら展示車を置いていない。このラウンジではフロアマネジャーを置かず，従業員が自律的に連携しながら，顧客のことを見て考えながら動くことが期待されている。来店時にも車のナンバーをもとに，これまでの来店時の情報を積み重ねて持っている顧客データベースを活かして対応するため，顧客は常にロイヤルカスタマーのような扱いを受けることになる。そのような居心地の良さは，来店頻度をあげて，コミュニケーションを増し，さらに情報を蓄積することに結び付き，各顧客への対応レベルをあげて行くことに寄与しているのである。

また新車発表会や従業員が発案し実施するイベントも，コンスタントに催されている。これによって，地域にも顔が見える拠点という働きかけを行っていることになる。これらの結果として，平日でも100人以上年間で延べ10万人以上の来店客数を迎えている。

そして購買検討に向けては，顧客の家族構成などの諸条件を勘案して，場合によってはグレードを抑えた車の提案を行うといった顧客視点を徹底している。これもディーラーとしての売上や利益を優先していると考えにくい取り組みであることから，顧客の信頼感を引き出すことに寄与している。また試乗車を非常に多く用意し，さらに48時間の試乗貸出を行うことで，実感を持って顧客が購買プロセスを進められるようにしてある。

一方で全権委任しているとはいえ，従業員の気づきを自身と顧客の間だけにとどめないようにするため，朝礼で前日の販売実績をもとに「何が顧客の心を購買に導かせたか」という情報共有を行っている。これは経験を共有化するとともに，従業員に自分が持っていなかった別の気づきを考えさせる機会となっている。

§3.　顧客ロイヤルティの仕組み

同社が実施している様々な施策を整理してみると，図表8-1のように示される。これらは経営と従業員の間における信頼，従業員の活動が顧客の感動や信頼を生み，そして顧客が担当者や同社へ信頼やロイヤルティを持つという一貫した関係が成立し，スパイラルアップされていると見ることができる。特に重要と思われる点について，以下で検討を加えてみる。

図表8-1　ネッツトヨタ南国の施策と意味

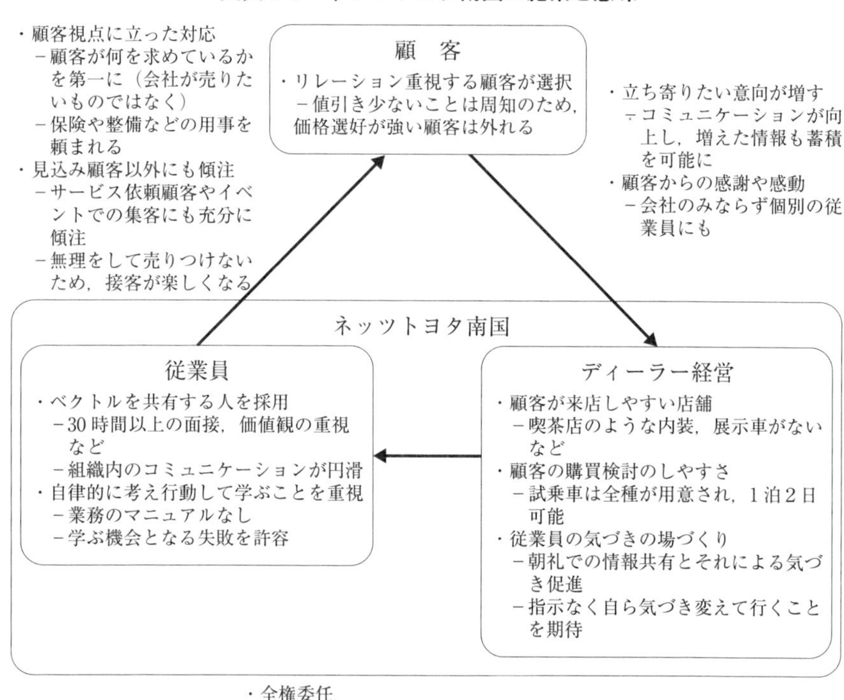

1. 顧客の視点に立った対応を徹底する意味

ネッツトヨタ南国で非常に意味があることは，従業員が迷うことなく顧客の視点に立つことができるようにしているという点であろう。顧客からのロイヤルティは時間をかけ育てて行く面がある一方で，経営上の収益は半期から年度の単位で実績を問われるものである。この両者の時間軸は異なっており，場合によってはトレードオフを生じる。そのため本来としては，例えば顧客接点である営業担当者に両方を背負わせることは難しいはずである。それはどちらを優先するかという迷いを押し付けることになるからである。経営陣をはじめとして会社全体をみても，経営の優先度をどこに置くのかという点で，顧客ロイヤルティと経営成果(数字)との間で板挟みになっていることが多い。多くの会社では，前者が大事なことは理解されているものの，足元の成果数値を問われるため，結果として後者を優先してしまっているように見受けられる。

ネッツトヨタ南国でも1999年には景況からの影響もあって，顧客満足度は非常に高く優れていても，売上がついてこないという業績不振に陥った。それを乗り越えるために，これまで通りの顧客視点に立つことよりも，新規顧客に価格で訴求するなど販売を推し進める方向に舵を切るべきか否か，経営陣の中にも迷いが生じたという。いわば顧客視点に立ったロイヤルティ追求を第一に据える企業であり続けるか，それらを脱ぎ捨てて普通のディーラーと同様の経営を行うのか，という選択である。同社の判断は，短期的な売上伸び悩みは覚悟の上で，これまでの強みをさらに追求するというものであった。この段階にきて，いわゆるセリングとしての営業を一切捨て去ることになった。

このように顧客ロイヤルティの理念型を徹底することに踏み切ったことは，同社の経営成果の数字は経営陣(会社)が責任を持ち，営業を始めとする顧客接点は顧客貢献に徹することを宣言したに等しいと考えることができる。同社のように様々な施策を積み重ねた会社においても，普通の経営への揺り戻しの危険性があった。そのことからも，建前ではなく顧客ロイヤルティを指向する経営を進めることの判断の難しさがわかるであろう。

2. 営業のノルマを外すことの意味

そのような判断の難しさの好例が,「営業の売上ノルマ」を外すという施策である。同社の組織行動としては合理的であったと思われるが，他の多くの会社では実行が困難である。ノルマを外せないという会社でもCSや顧客ロイヤルティについては重要視し，経営目標に掲げていることが多い。その経営目標の一方で，成果目標として営業ノルマを用いた尻叩きをしていることが殆どである。

これまで筆者も西村務とSIMACと称する営業とマネジメントの仕組みを提起し，コンサルティングで実際に適用してきた[(8)]。多くの会社では，営業ラインに売上ノルマを課す一方で，製品市場(誰に何を売るか)の判断も委ねさせていることが多く，その結果ノルマ数字実現のために売りやすいものを売りやすい相手に販売するという，製品市場戦略の実践を損なう行動を惹起させている。そして成果数値に組織的に取り組むのではなく，達成難なノルマを担当レベルに分割して課していくことによって，営業生産性を損なうことを生じさせている。筆者たちがこれらを排するものとして提起してきた仕組みは，営業ラインのノルマを外し，プロダクトマネジャーやマーケットマネジャーを含む組織の仕組みで販売を行うものである。経験に基づけば，これに対する営業トップやトップマネジメントの不安と抵抗感は極めて強い。

この仕組みは，いわば異なる機能が連携すると共に数字責任を持つことになる設定をしている。そのため実態としては，営業機能の効果性と効率性の向上に資するのである。このことは多くの会社で理解される。しかし「営業とはノルマを目標に頑張ることに意義がある」,「それがないと働きが良くなくなる」,「営業担当者間の競争がないことは望ましくない」といった反論をもとに，営業からノルマを外すことへは踏み切りにくいようである。しかしその間にも，営業は売れないことを悩み，いわば途方に暮れていると思われる。

顧客の立場からすれば，広義の営業活動とは様々な顧客貢献の活動であり，ネッツトヨタ南国にも見られるように，それがメンテナンス(整備依頼)や次の購買への依頼という継続的な付き合いになっていくことが望ましい(そのよう

図表 8-2　生産財営業における問題

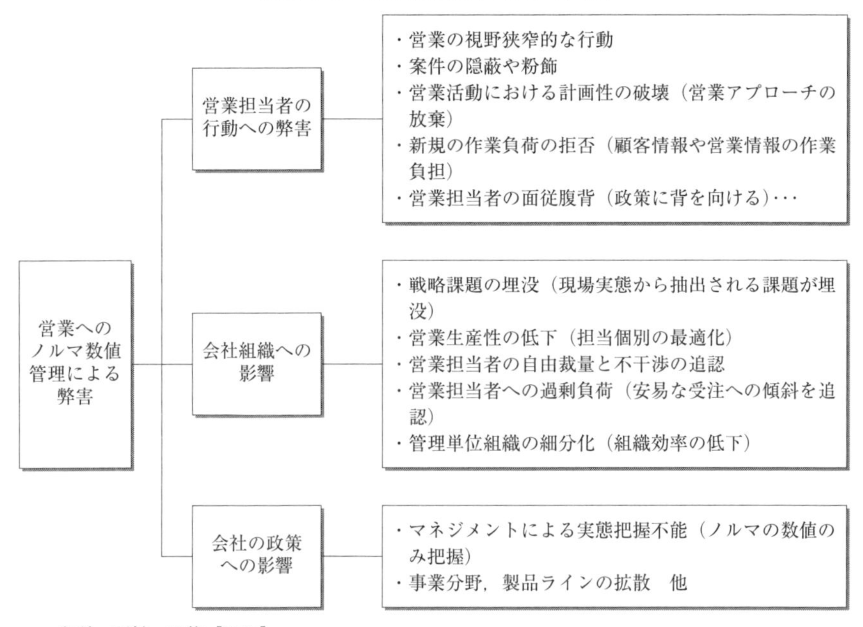

出所：西村・四條［2005］。

な機会を得ることが第一義の目的ではないとしても)。例えば顧客が自動車を購買する意思決定プロセスは，顧客にとっての問題解決ということができる。資本財のように購買頻度が少なく巨額の投資を要するものでは，特に顕著である[(9)]。自動車の購買でも，家族が増えた，その全員を乗せたい，燃費が良い経済的な車に乗り換えたいといった問題を解決していると考えることができる。どのようなきっかけでそう考えたか，自分の条件の確認，それらを充足する製品サービスのリスティングなどの必要条件と支払い金額という十分条件の整備をもって，購買することになる。そしてそれを利用することを通じて，問題解決が行われるのである。

生産財だけではなく消費財でも，自動車のように購買頻度が少なく検討リードタイムが長い財は，家族が関係者になることも多く金額も大きいこともあって，意思決定のプロセスがはっきりしている(家や金融商品も類似的に考えることができる)。ライフサイクルが長く製品サービス単体だけでないメンテナ

図表 8-3 購買意思決定のプロセス(例)

段階	第一段階	第二段階	第三段階	第四段階	第五段階	第六段階	第七段階
状況	問題の認識	検討体制の整備・立上げ	必要な物件概要明確化	発注先探索	提案の取得分析	各提案の評価・分析	発注手順の選択
購買側の行動概要	・検討のきっかけが生じるなど，問題を認識する	・問題意識に基づく探索と問題解決を計画し始める	・問題解決に必要な概要を明確にする（例：建設用地，費用等）	・発注先（企業）を探し，外部に購買を表明	・発注先に対してＲＦＰ提示し提案を取得	・提案を比較検討し，依頼先を決定	・諸条件の確認と契約内容の確定

筆者は生産財ではこのような７段階の購買意思決定のプロセスを適用する場合が多いが，経験的には自動車や家などの高額などの条件を持つ耐久消費財などでも類似的に適用可能である。プロセスモデルは柔軟に状況に応じて設定する。

出所：西村・四條［2005］。

ンス等を通じて，満足やロイヤルティの評価をされることになる。また購買頻度は多いものの，顧客が対応したい問題について専門的なカウンセリング等を受けることに価値を見出して購買する化粧品などにも妥当する部分がある。これらの財ではいずれも，購買時点だけでなく長期的な関係における貢献が，顧客ロイヤルティを下支えしていることは間違いないであろう。

顧客の問題解決に寄与することが営業活動のカギとなるような財では，ネッツトヨタ南国の施策と同様に，営業の売上ノルマを外して，顧客貢献の機能に徹する例が出てきている。筆者たちのコンサルティングの事例も以前から存在するし，化粧品では資生堂が店頭に立つビューティーコンサルタントの売上ノルマを取りやめ，顧客満足で評価することに移行している。営業(顧客接点)機能に売上ノルマと満足ロイヤルティの矛盾を押し付けることは，経営にとって望ましくないということが明確になりつつあるものとして，興味深い動向である。いずれも顧客との最適な関係のために貢献することが基軸であること，そのために経営として採った方法であるため，売上ノルマの廃止だけで顧客貢献が可能になるわけではないことは強調しておきたい。

3.　指摘される課題と対応

ネッツトヨタ南国は理念・経営哲学を大事にして，その実現のために従業員や顧客との関係において矛盾なく軸がぶれない取組みを行ってきたとみられる。その施策群は，景況や組織内の状況などを背景に，積み重ねられてきたものであると考えられる。理念に向けて愚直に取り組みを長く重ねてきた点に，同社がうまくいった理由を見てとることができよう。

創業期から実質的にトップマネジメントであった横田現相談役が，長い時間にわたって前例にとらわれずに考え抜いたことにもよるであろう。彼は人財と称し，人が気づいて成長するサイクルをじっくり待って育てることを基軸に据えた。そして売上などの「目標」は，CSを受けてESに応えることの結果としてついてくる，との考えを長年にわたって持ち続けたのであり，このことの意義は大きいと思われる。

一方で同社の顧客ロイヤルティを実態化する経営に対しては，以下のような疑問が生じるかもしれない。各々に筆者が考えるところを記してみた。

① 人財を軸にするのは素晴らしいが，最初からベクトルがあった人を採ることによる，同質的な人材であるからこそ成立しているのではないか？異質多様な人材を前提にする既存の組織では難しいのではないか？

ネッツトヨタ南国が採用に傾注するのは，自社の価値観をシェアでき，給与の額などの外的な条件ではなく仕事のやりがいを重視する人を取るためである。前提として異質多様な人材は，外発的な動機付けでしか仕事をしないのか否かという点をまず考えておきたい。顧客ロイヤルティを希求するために，組織メンバーには報奨が必須とはならないはずであり，仕事を通じて充たされるということがどういうことかを再考する必要がある。

② 従業員と経営とが相互に知っている／見える範囲にある規模であるから取れる施策なのではないか？　既存の大組織では同様の取組み方は難しいのではないか？

トップマネジメントと現場との距離が遠いとしても，その中の個別組織をマネージしている組織長とは，ネッツトヨタ南国同様に見える範囲になるはずである。それらの組織を束ねていって，全体として顧客ロイヤルティ指向の経営が採るためにどうしていくかを考えて行きたい。

③ 同質的で比較的規模が大きくない組織だからこそ，経営の意識することを受け止めて従業員が動くことができるのではないか？

現場従業員も組織長だけではなく，トップマネジメント層からも折に触れて，一貫した顧客ロイヤルティを追求する施策メッセージを受け止めて行くことは大事であろう。そのようにトップマネジメントの言動を変えて行くこと，コンスタントに働きかけることを考えていきたい。[10]

§4. む　す　び

嶋口充輝が言うような「恋愛型競争の時代」においては，都度最適の相手と付き合うのが「取引」の関係であるとするならば，顧客満足の関係は，継続的なインタラクションが成立し，案件都度の取引から相互的な取り組みの関係へと進化している姿である。そのことで，特定の相手と様々なことを一緒に取り組むことに安心や満足を感じるような恋愛関係と同様といってよい。さらに中長期的に付き合い続け，共に信頼感を持って全人的に過ごすパートナーを持つ関係を顧客ロイヤルティの段階ということができるだろう。恋愛のアナロジーで続ければ，顧客とどのようなステータスになれるかは，相互の意識によって変わってくるはずである。そのためすべての関係がロイヤルティの段階に進むべきとは言えないし，お互いの関係ステータスがバランスしないこともあろう。

仮にロイヤルティを再購買(再利用)と定義するならば，顧客に代替手段がない場合にはスイッチングが発生しないため，満足度がない／低くともロイヤルティが高いことになる(Sassr など)。しかし筆者は顧客ロイヤルティを「ファンになる」「企業や提供される製品サービスと付き合っていきたい」というポジティブなリテンションの評価として考えている。そこでは，企業，ブランド，製品サービスなどに対する満足度を前提として，高い信頼と納得を得ることが，顧客ロイヤルティに必要と考えられる。そのため例えばネッツトヨタ南国ではCS(顧客満足)という言を用いていても，実態としては顧客ロイヤルティを指向して，それらを包含している。

同社の取り組みで明らかなように，顧客ロイヤルティは中長期的かつ組織全体の視座を持つ必要がある。その一方で，従来からの成果型のマネジメントは，経済的な成果と個々人への利益反映を短期的にとらえがちであった。それらの間に生じたギャップが大きいだけに，顧客ロイヤルティを指向し，それを実現するような理念を持った経営を行うことは難しいことといえよう。

周知のように，国内のマーケットは少子化・高齢化や人口減少といった需要の量が変化しており，一方でコモディティのみならず嗜好性の強い製品サービスについても，消費性向や購買行動といった需要の質が変化を重ねている。そのような環境下にあって単にマーケットの拡大を求めてグローバル化を喧伝するのではなく，顧客ロイヤルティを求めて(結果として)経営を変革していくことが求められていると考える。

筆者が伺うクライアント会社に限らず世の中では，改革や変革の文言を謳ったプロジェクトや取組みを見受けることは多く，それらの名称を好むマネジメント層も多いようである。本来はネッツトヨタ南国のように顧客ロイヤルティの経営を行うことが，多くの会社にとって弥縫策ではない変革に相当するはずである。その実現のためには，マネジメント層自身が求める姿に向けて変わっていく覚悟が問われると共に，組織のメンバー自身も変革に向き合うことで自身の仕事の内容と価値観を問われることになるであろう。

ネッツトヨタ南国からは，理念の貫徹，組織の慣性の排除などを通じて抵抗感をなくし，組織メンバーが顧客のために自在に活動することが，顧客，従業員，会社の三位に寄与するというマネジメントを見てとることができる。筆者が実施しているSIMACを用いた変革導入では，人財に依存し長い時間をかけて行くのではなく，組織の機能ベースを見直しマネジメントの仕組みを変えることを行っている。その経験を通じて感じるのは，トップマネジメントよりも，むしろ組織長クラスの管理職などの抵抗が強いことが多いという点である。これまで積み重ねてきた成功体験や持っている情報格差などが脅かされると思い，マネジメントの仕組みが根源的に変わることに対して抵抗感を感じるのである。場合によっては，変革の抵抗勢力となってしまうそれらの人材こそ，率先して(それこそ言葉として好んでいる)変革の主体となって自らが変わる必要があるのではないか。そのために求められるのは，組織の機能や評価制度などを再設定することだけに留まらず，組織メンバーである私たちが持っている価値観を，顧客への提供価値に基づいて自己変革していく柔軟性であると考えている。

＜注＞

（1） ネッツトヨタ南国株式会社 HP。以下，同社沿革および同社の経営に関するファクトは，同社 HP，横田［2013］，天外［2013］，朝日新聞［2008］，日経ビジネス［2010］，大塚［2011］に基づき再構成している。

（2） 一般社団法人日本自動車販売協会連合会の統計データに基づく。

（3） 一般財団法人自動車検査登録情報協会「わが国の自動車保有動向」のデータに基づく。

（4） 注2と同。

（5） 車種にもよるが，保有コストは40～60万円／年と計算することができることから，自動車メーカーは新車販売後のビジネスの大きさを認識し，いわば川下化し顧客を直接把握することも目的にカードビジネスや認定中古車に出ていったとみることができる。

（6） このような究極的な例は，輸入車ディーラーであったヤナセであろう。かつては「良いものを世界から」と謳い，インポータを兼ねて幅広い輸入車のラインアップによって，自ディーラーにだけ顧客を結び付けていた。

（7） トヨタ自動車が実施しているディーラーの顧客満足度調査で，同社はナンバー1を続けているが，他ディーラーに比して満足度が低い項目が「上司が顔を出している」というものであるという。同社では，部下に委任して意図的に顔を出していないので，この項目の満足度が低いのは当然と受け止めている。横田［2013］。

（8） SIMACとは，西村務(IMS)と筆者による生産財のマネジメントのコンセプト［1990-2005］。

（9） 資本財ある大工場の建設や情報システムの構築投資は購買そのものが目的ではなく，高生産性のラインで大量生産をして需要に応える，経営情報を活用して新たな機会を見出すなど，抱えている問題の解決が目的になっている。

（10） 月並みな言葉の繰り返しが届かない一方で，例えば顧客からの一言が自身の顧客ロイヤルティのための活動の支えになっているような事例は少なくない。「『深い敬意を含むメッセージ』に対しては驚くほど敏感に反応」し「けして見落とすことはなく」「理解しようと努める」(内田［2014］227-235頁)というコミュニケーションの見直しが大事であると思われる。

≪参考文献≫

内田　樹［2014］『呪いの時代』新潮文庫。

大塚常好［2011］「顧客満足度 No. 1の原動力は『120分朝礼』にあり」『プレジデント』5月2日号。

天外伺朗［2013］『教えないから人が育つ』講談社。

横田英毅［2013］『会社の目的は利益じゃない』あさ出版。

「シリーズ現場力『顧客幸福』不況でも売る」『日経ビジネス』2010年1月21日号。
「社員力を取り戻せ」『朝日新聞』2008年4月7日。

（四條　亨）

第Ⅲ部

事例編（ネットロイヤルティ）

第9章　《日本交通株式会社》タクシー配車アプリを通じた顧客関係性の進化

§1. はじめに

タクシーとは「拾うもの」というのが，都市部での一般的な利用方法であろう。いわゆる「流し」のタクシーが街中に多く走っていて，駅前などのタクシー乗り場にもいつもタクシーが待っているからである。一方，地方部では，「流し」が少なく，タクシー乗り場からの利用が多い。

2011年1月，東京地区を営業地域とする日本交通が，アップルのスマートフォン(以下，スマホ)であるiPhone向けのアプリを発表した。画面上に利用者の現在地が自動表示され，地図上で乗車地点をタッチすれば，そこにタクシーの配車を依頼できるというサービスである。このアプリによって，顧客とタクシーとの関係性は「拾うもの」から「選ぶもの」に転換することになった。

日本交通は，1928年(昭和3年)に東京・銀座で川鍋秋蔵氏が営業を開始したタクシー・ハイヤーの老舗企業であり，東京地区における大手4社(大和自動車交通，日本交通，帝都自動車交通，国際自動車)の一角を占める最大手企業である(図表9-1参照)。現社長の川鍋一朗氏は，創業者の孫として1970年に生まれ，米国ノースウェスタン大学ケロッグ・ビジネススクールでのMBA取得，マッキンゼー日本支社での勤務を経て2000年に日本交通入社，2005年に35歳の若さで社長に就任した。

このアプリ「日本交通タクシー配車」は，2014年5月時点までのダウンロード数39万件，その全国版である「全国タクシー配車」はダウンロード数

図表 9-1　会社概要

商　号：日本交通株式会社
本社所在地：東京都北区浮間 5-4-51
創業日：1928 年 4 月
資本金：100,000,000 円
代表者：代表取締役社長　川鍋一朗
従業員数：7,122 人（連結，2013 年 5 月）
車両台数：ハイヤー 1,179 台（528 台＋運行管理請負 651 台）
タクシー 3,659 台（2,241 台＋業務提携会社 1,418 台）
売上高：43,060 百万円（業務提携会社を除く連結，2013 年 5 月期）
65,505 百万円（業務提携会社を含む，2013 年 5 月期）

出所：日本交通「会社案内」。

95 万件に達したヒット作となった。スマホ向けアプリの大半はデジタル・コンテンツとして完結するものであるが，日本交通の配車アプリはリアル・ビジネスの業績改善に大きな成果を上げたという，珍しいタイプのヒット作となった。

タクシーが「拾うもの」のままでは，顧客を獲得できるかどうかは偶然性の結果であり，どのタクシー会社も同程度の売上効率にしかならない。つまり，最大手の日本交通といえども，保有台数のシェア程度にしか売上シェアを期待できない。しかし，タクシーが「選ぶもの」になれば，配車の利便性やサービス品質などの評判を高めることを通じて，リピート顧客の比率を高めることが可能になる。そうなれば，先進的な取り組みを続けている日本交通は，保有台数シェア以上の売上拡大も可能になる。サービス開始後 3 年にもかかわらず，配車アプリ（日交版＋全国版）を通じた売上の累計（2014 年 7 月）は既に 40 億円に達しており，大きな成果につながってきている[(1)]。

§2.　配車アプリの普及拡大

1.　システム開発は子会社が担当

配車アプリを開発したのは，日本交通グループの子会社，日交データサービスである。2010年の夏頃，日交データサービスの代表でもある川鍋社長から，「スマホで何かしたい」という話があったという。ゲームを作ろうというアイデアや，タクシー料金の検索アプリというアイデアもあったが，川鍋氏の「より営業に結びつくツールを」という意向のもと，タクシー配車サービスを開発することになった。(2)

当時，同社では既に携帯電話(いわゆるガラケー)向けの配車サービスを展開していたが，外部への外注で開発したものであり，地図の操作性などの使い勝手が悪く，会員登録も面倒な手順であった。(3)これを使いやすいサービスにすれば，もっと便利になるのではと考え，アプリ開発を開始した。地図の操作性もアップし，タクシー料金の検索機能も追加し，面倒な会員登録は割愛した。せっかくダウンロードしても会員登録のステップが面倒で利用しないのでは意味がないため，会員登録せずにすぐ使えるようにと考えたのである。

システム開発は外注ではなく，日交データサービスの社内で行うことになった。外注すると，いざ修正したいと思った際に，柔軟性や迅速さがなくなってしまう。スマホ・アプリの開発は，リリース後にも徐々にバージョンアップしていくのが主流であり，改善のたびに外注の見積もりを取るよりは，自前開発の方が柔軟性もあり，費用もかからないと考えた。

タクシー配車というサービスは，リアルな世界と密接につながっているという点が，開発にあたって特に重要であった。顧客のクレームは，お問い合わせフォームで送られてくるのではなく，タクシー乗務員に対して，「時間通りに来なかったじゃないか」と直接言われてしまう。つまり，顧客の視点での利便性が重要であり，例えば，配車予定のタクシーが今どこを通っているのかが，顧客の画面上でわかるという機能が搭載されることになった。また，アプリの使い勝手の良さも重要である。利用者がアプリを立ち上げ，今いる場所を特定し，配車依頼画面に進むには，早ければ30秒ほどで可能であり，何分後くらいに迎えのタクシーが来るかがすぐに表示されるようにした。

そして，構想から約半年，開発期間は実質3カ月というスピードで，2011年1月に日本で最初のタクシー配車アプリ，iPhone/iOS版の「日本交通タクシー配車アプリ」がリリースされた。反響は大きく，リリース1週間後にAppStore(iPhoneのアプリ販売サービス)の旅行カテゴリで1位になったという。その後，同年2月にAndroid版もリリースした。

タクシーの無線配車は悪天候時に増える傾向があるが，そうした状況で，このアプリを使って実際にタクシーを呼んだ顧客が「これは便利だ」とTwitterなどでつぶやいて評判が広がり，ダウンロードが増えたという。従来の電話配車では，一時的に注文が殺到すると，話し中や回線パンクのリスクがあるが，アプリ経由なら電話回線を使用しないため，突然の大雨など配車依頼が混み合う時でも，ストレスを感じることなく申し込める。詳しい居場所を配車センターの担当者に口頭で説明する煩わしさがないという点も，人気につながったという。

その後，他のタクシー会社から「システムのソースコードを丸ごと売って欲しい」という依頼があったが，システムの売り切りではなく，バージョンアップしながら継続的にサービス提供したいということで，全国各地のタクシー会社向けの「全国タクシー配車アプリ」を，2011年12月にリリースした。その後も「日交」と「全国」の2つのアプリが並行しているが，新しい取り組みや機能を日交版でまず導入して，受けが良い機能を全国版に移植する，という流れにしているという。実際に，時間指定できる予約機能や，ネット決済(アプリにクレジットカード情報を登録しておき，下車時の決済手続きを省く)の機能は，その順序で全国版に搭載された。

2.　アプリ利用者の拡大状況

日本交通の営業地域である東京は，流し営業が全体の7～8割を占めており，残りが配車依頼による売上である。日本交通の配車アプリは，既に配車依頼全体の2割弱を占めるまでになってきたという。電話での依頼が減少したわけではないので，アプリ利用分が「純増」したとみてよい。

アプリ利用者は，かつての電話での配車依頼客だけではなく，新規の顧客も多いという。過去に配車依頼のあった電話番号と，配車アプリでの電話番号を比較したところ，8割が以前に利用のない電話番号であった。電話での依頼は固定電話またはガラケーから，アプリでの依頼はスマホからというように電話番号を複数使い分けている顧客もいると思われるが，そうした分を差し引いても，新規の利用者は5割にのぼるという[(4)]。

一般にスマホは若年層を中心に普及していると言われているが。日本交通の配車アプリについては，30代〜50代が中心である。利用時間もあまり大きな変化はなく，朝方や夕方，つまり出勤時間や帰宅の時間での利用が多いという。配車を依頼する顧客の平均単価は3,000円を超えており，「流し」のタクシーの顧客の単価よりも高いという。

日本交通版アプリは，日本交通および業務提携会社の約3,700台のすべてでアプリでの配車が利用可能になっており，投入2年目の2013年3月時点で，月間200,000件の配車依頼のうち26,000件がアプリ経由になった。2014年時点で仮に月間30,000件のアプリ配車依頼があったとして，3,000円の単価だったと仮定すると，月間1億円，年間で12億円の売上に相当することになる。ハイヤーを含む日本交通および業務提携会社の2014年度売上は650億円であるが，その約5%をアプリ経由で売り上げていることになる。

全国版アプリに関しては，2014年5月時点で全国117社の21,151台で利用可能になっており，日交版と全国版の合計配車台数は累計で百万台，日交版と全国版の合計のアプリ経由の売上累計は40億円に達している（図表9-2，9-3，9-4参照）。

図表 9-2　タクシー配車アプリのダウンロード数

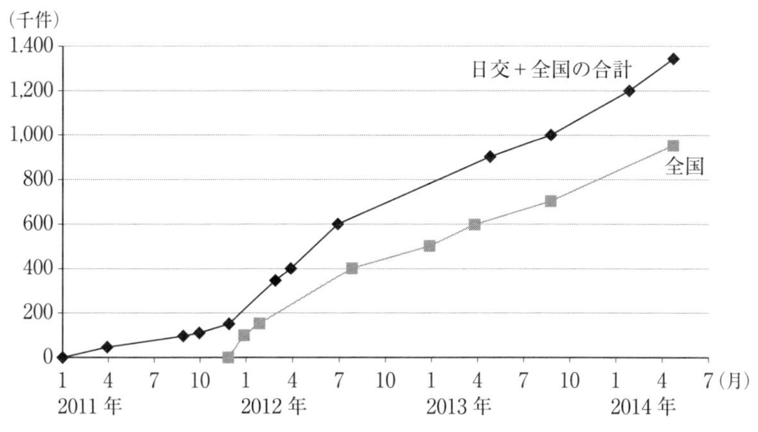

出所：日本交通プレスリリース，インタビュー。

図表 9-3　タクシー配車アプリ経由の累積配車台数

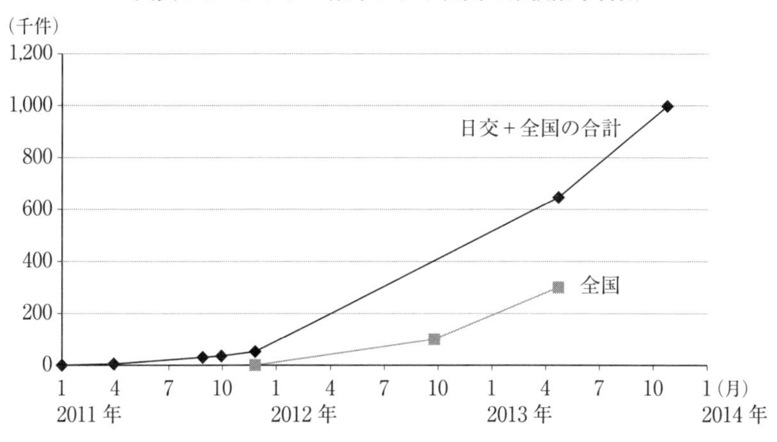

出所：日本交通プレスリリース，インタビュー。

図表 9-4　タクシー配車アプリ経由の累積売上

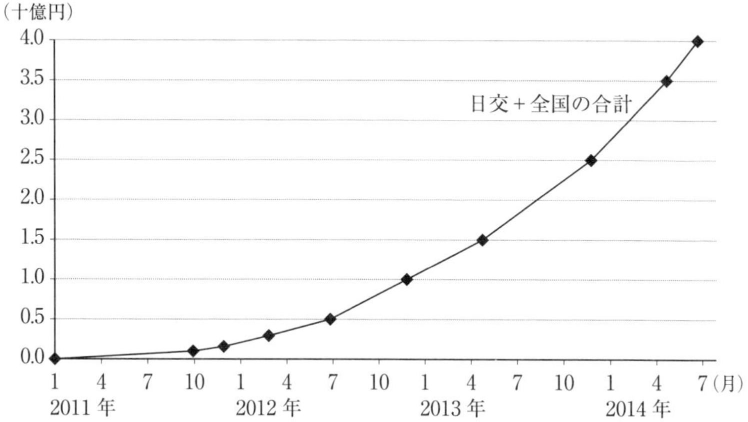

出所：日本交通プレスリリース，インタビュー。

3.　アプリ配車のオペレーション

旧来の電話依頼では，利用者がタクシー会社に電話を掛けると，センターでオペレーターが対応する。センターから無線を使って，近くの空車に声をかけ，希望するタクシーが応答をして，目的地に向かう。利用者は電話口でしばらく待っていると，到着予定時刻と無線番号(または車両ナンバー)を教えてもらえる，という流れになる。

現在の日本交通の仕組みでは，電話での配車の依頼の場合，利用者が迎え場所を伝えれば，その地点をオペレーターがシステム上で指定するだけで，自動的に近くにいるタクシー乗務員へ依頼が伝わり，目的地の住所は直接カーナビにセットされるようになっている(5)。この方式がさらに進化したのがIVR(全自動配車)である。自宅など，いつも同じ場所にタクシーを呼びたい場合，電話番号とともに迎え場所をあらかじめ登録しておけば，電話をかけるだけで，コンピュータが迎え場所の最寄りのタクシーを探し出して，自動的に指示を出す。利用者には，到着予定時刻と無線番号が自動音声で返答される。オペレーターは介在しない。

アプリからの配車も基本的にはIVRと同様であるが，利用者が場所をスマホの画面上で自由に設定できる点が異なる。オペレーターを介さず，直接，配車システムを通じて，アプリで指定された迎え場所の最寄りのタクシーに自動的に指示が出る。利用者の配車アプリの画面でも，予定のタクシーが今どこを走っているかがわかるようになっている。アプリでは行先も入力できるため，その場合，タクシーのカーナビの地図には，行先の位置と，迎え場所からのルート検索もして自動表示させることができる。

東京地区のタクシーの営業の大部分が流しであることに変わりはないものの，この配車システムが機能することで，実車率(空車ではなく客が乗っている割合：走行距離に占める実車距離)の改善に役立っており，営業効率が向上しているという。つまり，従来通りに普通に流しているだけでは，他社と同程度にしか客を拾うことができず，実車率も他社並みにとどまるはずであるが，配車システムからの依頼の分だけ，実車距離が上乗せされるため，実車率が他社よりも改善するのである。

決済の利便性に関しては，2012年12月に「ネット決済」を導入した。VISAやJCBなどのクレジットカード番号，氏名，住所と，数字4ケタの番号を事前に登録しておけば，配車申込後にスマホに確認番号を記載したメールが届き，乗務員にその画面を見せて乗車する。降車時はメーターの料金を確認し，利用控えを受け取れば，あとは利用代金が後日自動引落しになる[(6)]。「降車時の手間がなく，ヘビーユーザーには好評であり，今後も登録者数は増えるだろう」と日本交通では見ている[(7)]。

2013年8月には，このネット決済を「全国タクシー配車」にも導入した[(8)]。旧来のカード決済には車内に専用端末が必要で，設置はタクシー会社の負担になっていた。このため地方のタクシー会社ではカードは敬遠されがちであったが，このネット決済によって車内に端末がなくても対応できるようになった。

さらに2014年の4月には，タクシー代金を毎月のスマホの料金と一緒に払える新サービスを始めた。自社のスマホ向けタクシー配車アプリ「日本交通タクシー配車」の決済機能を改良し，KDDI(au)のサービス「auかんたん決済」に対応させたのである。この新サービスでは，スマホさえ契約していればクレジットカード情報の事前登録も必要なくなった[(9)]。

日本交通では，スマホのアプリを使って，接客サービスの品質向上にも役立てようとしている。同社では従来から，社員が身分を隠して顧客としてタクシーに乗って乗務員の接客サービスを評価するという，ミステリーショッパー方式のモニタリングシステムを導入している。その調査員が評価を入力する際に，タクシーを降りてからすぐ入力できるように，スマホを利用しているのである。加えて，顧客向けのアプリにもコメント入力機能があり，1日数十件ほど寄せられるコメントは，該当のタクシーが所属する営業所へその日のうちにフィードバックされているという。

§3.　新たなビジネスモデルに向けて

1.　顧客関係性の進化

タクシー配車アプリがタクシー業界に与えたインパクトは非常に大きい。アプリの導入で日本交通が先行したことを受け，2013年時点で50近くもの配車アプリが登場してきたという。これだけ多くの追随者が現れたということ自体が，このアプリのインパクトの大きさを表しているといえよう。その一方で，既に合計130万ダウンロードを記録している日本交通は，他社を大きく引き離している状態であり，アプリの機能追加においても常に先行している。やはり，利用実績の多い企業ほど，追加開発の予算を組みやすくなるため，機能面で先行しやすくなる。

「流し」が中心の時代は，タクシーと顧客との関係性は，まさにランダムなものであった。タクシーを降りるときに乗務員に「またどうぞよろしくお願いします」とあいさつされたところで，その会社のタクシーにいつ乗るのかは，まったくわからない。どんなに満足度が高くても，リピートのしようがない。しかし，アプリで呼んだタクシーは，満足度が高ければ，またアプリで呼ぶことになる。満足度の高さがリピートにつながるのである。タクシーは料金が高いこともあって，富裕層がヘビーユーザーであり，たまにしか乗らないライトユーザーの何倍，何十倍ものタクシー代を毎月払っているものと考えられる。ヘビーユーザーこそアプリの利便性を実感できるはずであり，ヘビーユーザーを自社のアプリに惹きつけて，高い満足度を感じてもらえれば，自社のタクシーを何度もリピートしてもらえるようになる。

日本交通の配車アプリには，会員登録というステップがない。前述の通り，ガラケー時代のサービスで会員登録が面倒という問題があったため，アプリではダウンロードしてすぐにタクシーを呼べるよう，会員登録を省略したのである。タクシーを呼ぶ際に，電話番号と氏名は必要なので，会員登録をしなくても特段の問題はない。同じ顧客が携帯を複数使っていたり，携帯番号を変えたりすると名寄せはできなくなるが，それでも顧客にとって大きな支障はない。

他業界を見てみると，IT 系のサービス会社の場合，会員登録を通じてメールアドレスを入手し，メールマガジンなどを送付して，クロスセリングにつなげようとする傾向がある。日本交通でも，子供だけを運ぶ「キッズタクシー」や介助付き「ケアタクシー」(ともに1時間当たり 5,270 円)，観光タクシー(3時間で 14,950 円から)，という高付加価値サービスがある[(10)]。こういうサービスを登録会員にメールマガジンなどで案内するという使い方はありうるが，会員登録をしなくても，アプリ上の「お知らせ」機能でもこうした案内は可能であろう。

旅行関連の他業界のサービスを見ると，航空会社やホテルチェーンなどのロイヤルティ・プログラムが，顧客関係性に大きな役割を果たしている。これは，価格感応度の大きく異なる顧客層(高価格をいとわないビジネス顧客と，低価格を志向するレジャー顧客)向けに，大きく価格差をつけているビジネスにおいて，特に有効に機能する仕組みである。正規料金で何度も利用する出張族にはポイントをたくさん付与して，自社のサービスを選択してもらう動機づけに用いるのである。ポイントの還元方法として，自社サービスの無料利用権(顧客からすると何万円も得をする)を付与しているが，会社としては追加的な支出はほとんどかかっていない(固定費が大きく変動費が少ないため，空いている席を無料で提供しても追加的支出は少ない)という，非常にコスト効率の良いプロモーションである。

では，タクシーにそのようなロイヤルティ・プログラムは有効なのかというとそうでもない。タクシー料金は規制されており，大口顧客だからといって値引きをすることはできない。会社全体が低料金の定価をつけることは可能ではあるものの，同じ会社の中で，顧客ごとに値段を変えるということは規制上認められていない。もし，そうした値付けが可能であったとしても，飛行機と違って，タクシーは顧客１人から４人に対して１人の乗務員のコストがかかるという構造であり，無料利用権を付与することは経済的に成立しないであろう。

日本交通のアプリでは，月間７回以上利用するヘビーユーザーは，ゴールドランクとして扱われ，予約の時間が優遇されるなど，若干の機能が上がるようになっているという。経済的に余裕のある富裕層の顧客に対しては，タクシー代を多少値引きするよりは，むしろ，ちょっとした優遇の方が心をくすぐるのかもしれない。

とはいえ，他のタクシー会社も追随してくる中で，上得意客からいかにリピートしてもらえるかは重要である。アプリのダウンロード時に会員登録を省略することは，利用を促進する上で有効であったが，ヘビーユーザーと判明した顧客に会員登録を案内して追加的なサービスを提供することも，今後の展開としては考えられるかもしれない。日本交通では，料金規制を受けるタクシー事業以外にも，ハイヤーなどの事業も営んでいる。たとえば，タクシーでためたポイントでハイヤーを利用できるクーポンに交換するなどのアイデアも考えられる。

そもそも，タクシー会社の場合は，タクシーというリアルなサービスを通じて顧客との関係性を強化することが可能である。日本交通が，ミステリーショッパーを用いて乗務員の品質をチェックしている理由は，まさにここにある。「流し」によるランダムなビジネスの場合は，乗務員が無愛想でも，売上が減るわけではないが，リピーターに選ばれるビジネスにおいては，乗務員が無愛想では，上顧客の離反を招いてしまうからである。「選ばれる」タクシーを目指すからこそ，サービス品質の向上が，より重要になっている。また，アプリで乗車する顧客が増えてきたことは，乗務員のモチベーションにもなっているという。「先端的な仕組みを使っている会社だというイメージは，乗務員の採用面でも有利にはたらいている」と川鍋社長はいう。[11]

2. 全国へのシステム提供ビジネス

日本のタクシー規制は，2002年の小泉構造改革で大幅に緩和されたが，台数が増え過ぎて乗務員の収入が減ったとして，2014年1月の改正タクシー特措法で規制強化された。ちなみにタクシー料金についても，国が定めた範囲の下限を下回る料金に対しては，国が変更命令を出せるようになった。

こうした規制のため，日本交通としても自社で台数を急速に伸ばすことは難しく，むしろ買収や提携による拡大の方が現実的である。東京以外の地域に展開する場合も，自社で伸ばすことは難しく，買収や提携という手段を考えざるを得ない。しかし，買収するとなると，経営困難に陥った会社が対象になるため，買収後の再建コストも高くついてしまう。

そうした中で，全国配車アプリは既に47都道府県の117社に展開しており，21,151台で利用可能になっている。全国で法人タクシーは20万台以上であり，その中でのアプリ利用可能な台数シェアは既に約10%になった。全国でタクシー会社は6,000社あるが，100台以下の会社が9割以上を占める構造になっている。[12] 日本交通は先行者のメリットとして，これまで県庁所在地を中心に，各地の最大手・優良のタクシー会社を選んでアプリを提供することができてきた。今後は県内の第2・第3の都市などのタクシー会社にも提携を広げていくことが考えられる。将来的には，日本交通アプリを採用する会社と，そうした地元の競合会社への対抗上，他社のアプリを採用する会社，そしてアプリに対応できない零細な会社，というように，地方のタクシー会社の構図が変わっていくかもしれない。

日本交通にとって，全国配車アプリは手数料ビジネスという側面もある。[13] 提携先のタクシー会社は日本交通側に定額のシステム利用料と配車台数に応じた利用料を支払うことになっている。アプリの開発当時は，タクシー業界以外のIT企業が同様のサービスを始めようとしていたというが，それに先駆けて，日本交通が料金を抑えたサービスをいち早く提供したのである。

タクシー無線に割り当てられているアナログ用周波数は2016年5月末で使えなくなることが決まっている[14]。デジタル無線への移行のためには，基地局およびタクシー車載器を入れ替える必要があり，投資負担は大きい。これに対して，タクシー無線を介さず，利用者のスマホから公衆回線網を介して，直接タクシー搭載のスマホに配車指示を出すことも技術上は可能になっている。実際，通信系ソフト会社が一時期，こうしたアイデアが売り込んでいたという。

大手タクシー各社も，日本交通と同様の配車アプリを投入してきた。例えば，東京無線協同組合(利用可能台数4,000台)が，2012年に追随した[15]。他の大手陣営も共同で配車アプリの開発を検討していたが，2014年1月に，東京ハイヤー・タクシー協会として新サービス「スマホ de タッくん」を導入した。この陣営には日本交通も加わっており，ほかに大和自動車交通，チェッカーキャブ無線共同組合，共同無線タクシー協同組合，グリーンキャブ，日の丸交通が参加している。アプリは，日交データサービスが開発したもので，日本交通のタクシー配車アプリ「全国タクシー配車」をベースに作られた。参加6グループの約9,200台が対応するが，同協会によれば，これは都内全タクシー車両の45%に相当するため，利用者の近くの空車を見つけやすくなり，「今すぐ配車」が実現されるという[16]。

日本交通としては，都内の他社にアプリを共有するのは，敵に塩を送るようなものにもなるが，「よそにやられるよりは，われわれも入ろう」というという判断であった。日交アプリでは，配車率が80%くらいであり，自社が手薄な地域では配車可能な空車を見つけにくい状況があった。そういう地域の人にとっては「タッくん」がある方が，すぐに配車可能になる。実際，「タッくん」開始後も，日交の配車アプリの数字は落ちていないという[17]。

このように，配車アプリを契機として，日本交通はタクシー他社向けのシステム・サービス提供事業にも進出したことになった。今やタクシーは様々なIT機器(料金メーター，無線端末，カード決済端末，レコーダーなど)を搭載するようになっており，これらのハードウェアやソフトウェアに関して，各社が個別に購買するよりは，大手が取りまとめて開発した方が投資効率が高くなる可能性がある。この役割を他業界のIT企業に握られるよりは，自社が担った方が，より使いやすいシステムを開発できる可能性も高い。実際，日本交通では，2004年には走行中の映像や各種データを記録するドライブレコーダーを全タクシーに装着，2013年にはハードウェアを自社開発し，他社にも売り出している。

川鍋社長は，タクシー用のハードウェアやソフトウェアによる海外展開も視野に入れている。シンガポールやベトナム，ミャンマー，アメリカでタクシー事業に参入することを検討したこともあるが，「当社のタクシー乗務員のサービス品質は日本人だからこそ成り立っている部分もあり，海外ではまだ難しそうだ」と判断した[18]。その代わりに「配車アプリ」を代表とするソフトウェア，ドライブレコーダーなどのハードウェアを海外へ展開しようと考えているという[19]。

3.　新たな競合の登場

2013年3月，米国のスマホ配車サービスであるウーバーが，5台ほどのハイヤーを用いて都内での試験運行を始めた。ウーバーは，2009年設立の米国ベンチャー企業であり，2010年に米国でサービスを開始した。ウーバー自身はタクシー会社ではなく，利用者と乗務員のマッチングに徹する。「乗務員の評価を透明にし，利用者に安心して使ってもらうようにする」(ウーバー日本法人)という。同社のサービスには，利用者が乗務員を評価できるというところに特徴がある。運転態度や時間通りに到着したかといったサービスの品質を，5段階で評価し，利用者が意見を書き込むこともできる[20]。ウーバーのサービスでは，タクシーに搭載したタブレットで車の位置や空車の状態などを把握し，走行距離や移動時間を，乗車位置と降車位置から自動的にはじき出し，利用者が事前登録しておいたクレジットカードで料金を支払う。料金体系は基本料金が100円，1分ごとに65円，1キロごとに300円が加算され，最低料金は800円であり，「タクシーより2～3割程度高い」(ウーバー)という[21]。

タクシーメーターを用いた営業は，規制を受けたタクシー会社でしか行えないが，もう少し規制の緩いハイヤー業界で，スマホのアプリを疑似的なタクシーメーターとして用いれば，タクシーと同様のサービスが提供可能になる。

米国では，タクシー乗務員の質の低さを嫌う富裕層向けに，リモと呼ばれるハイヤー型のサービスが多く存在しているが，ハイヤー会社からすると，時間当たり料金制のハイヤーの稼働率の低い時間帯に，タクシーメーター型のサービスで売上を稼ぐことが可能になる。利用者からしても，事前に申し込む手間がなく，アプリでリモをすぐに呼ぶことができる利便性がある。このため，ウーバーは急成長し，その成長性を評価した投資ファンドなどから巨額な資金の投入を受けている。

同じく 2013 年の 2 月には，英国のヘイロー・ネットワークが，大阪市周辺のタクシー会社 14 社と提携してスマホ配車サービスを開始した。ヘイローの特徴は，乗客向けだけではなく，タクシー乗務員向けにもアプリを提供している点にある。乗客からの迎車依頼の情報だけでなく，タクシー需要が発生しそうなイベントの情報などを配信して，実車率の向上を支援しているのである。ロンドンではタクシー乗務員の約 60% が同社のシステムで配車を受けているという[(22)]。日本では，法人タクシーの乗務員が個人的にヘイローのアプリを使うのは就業規則違反ではないかという議論があり，タクシー会社ごとアプリの契約をすることが必要になるという。

ウーバーもヘイローも，IT という他業界からの参入である。スマホのアプリを提供することで，タクシー利用頻度の高い乗客の側を押さえ，ハイヤー・タクシー会社側から料金の数 % を手数料として徴収するというビジネスモデルになっている。こうしたビジネスが介在すると，タクシー業界としては潜在的には脅威となる。顧客との関係性をアプリ業者に握られてしまうからである。日本交通が自らアプリを展開して先行できていることは，こうした新たな競合に対抗する上でも，非常に重要な意義を持つようになってきた。

§4. むすび

日本交通が業界に先駆けて開発した配車アプリは，乗客の利便性を向上させ，タクシー会社の売上拡大に貢献したツールである。それに加えて，タクシー会社の経営にとって，3つの意味で非常に重要なカギを握っていることがわかった。

第一に，顧客との関係性が「拾うもの」から「選ぶもの」になり，顧客満足度がリピートに直結する(逆にいうと不満足が離脱につながる)中で，配車スピード，従業員のマナー・技術・知識，などの面でのクオリティが今まで以上に重要になっていることがあげられる。日本交通は「黒タク」(評価の高い乗務員は，一般の黄色いタクシーではなく，黒い高級タクシーに乗務できる)という仕組みを早期に導入したことでも知られ，クオリティ向上に取り組んできた会社であり，タクシーが「選ぶもの」となれば，相対的に業界内での優位性は高まる。

第二には，タクシー業界のシステム化(ソフトウェア・ハードウェアとも)が進むにつれて，システム力のある大手グループへの系列化が徐々に進み始めていることがあげられる。日本交通は，配車アプリだけでなく，ドライブレコーダーなどの機器の開発にも取り組んできた経験があり，系列化を進めていく上で，こうした経験や能力は，優位に働くはずである。例えば放送局がいくつかのキー局と，その系列の地方局というグループを形成しているように，タクシーもいくつかの系列が形成されていくかもしれない。各地の最有力の会社との提携関係を早期に構築できた日本交通は，ここでも優位に立てるはずである。

そして第三には，他産業や海外の企業がシステム力を武器として，乗客の側を押さえてしまうという潜在的な脅威があるが，配車アプリをいち早く成功させたことで，そうした脅威への対抗策が備わったという点があげられる。東京地区で「スマホ de タッくん」を競合5社に提供したことは，目の前の敵を利しているように見えるが，ウーバーやヘイローという潜在的な脅威が大手競合を取り込むことを未然に防止する手段であったとも見える。

タクシーがリアルな世界だけで完結していた時代は，タクシー会社にとっての競争の土俵は，「地元市場」(日本交通であれば東京地区)だけであった。しかし，リアルの世界とデジタルの世界が結びつくことによって，地理的な制約は徐々になくなっていく。日本交通が地方市場や海外市場に展開できるようになった裏返しで，海外勢も日本市場に進出することが可能になってきた。日本交通としても，国内での相対的な優位性にあぐらをかいているわけにはいかない。リアルなサービス品質を高めつつ，デジタルの利便性をさらに追求していくことが求められる。それらが実現できれば，成功の果実は今まで以上に大きなものになっているであろう。

<注>

(1)　日本交通株式会社　執行役員　野口勝己氏への筆者によるインタビュー。
(2)　エン・ジャパン　キャリアハックによるインタビュー
〈http://careerhack.en-japan.com/report/detail/191〉(2013年8月21日公開)。
(3)　エンジニア・タイプによるインタビュー
〈http://engineer.typemag.jp/article/nikko-dataservice_appli〉(2013年3月14日公開)。
(4)　インプレス　ケータイウォッチによるインタビュー
〈http://k-tai.impress.co.jp/docs/interview/20131211_627095.html〉(2013年12月11日公開)。
(5)　『日経情報ストラテジー』2013年5月号，24-27頁。
(6)　『日経流通新聞』(2013年5月10日)3頁。
(7)　日本交通株式会社　執行役員　野口勝己氏への筆者によるインタビュー。
(8)　『日経流通新聞』(2013年9月11日)。
(9)　『日経産業新聞』(2014年4月18日)。
(10)　『日経流通新聞』(2013年1月28日)。
(11)　日本交通株式会社　社長　川鍋一朗氏への筆者によるインタビュー。
(12)　『日経産業新聞』(2014年4月16日)。
(13)　『日経流通新聞』(2012年6月1日)。
(14)　『日刊自動車新聞』(2012年7月19日)。
(15)　『日経流通新聞』(2012年1月6日)。
(16)　アスキークラウド
〈http://ascii.jp/elem/000/000/860/860123/〉(2014年1月23日公開)。
(17)　日本交通株式会社　執行役員　野口勝己氏への筆者によるインタビュー。
(18)　日本交通株式会社　社長　川鍋一朗氏への筆者によるインタビュー。
(19)　グロービスによるインタビュー
〈http://globis.jp/2964〉(2014年6月4日公開)。
(20)　『日経流通新聞』(2013年12月19日)。
(21)　『日経経済新聞』(2014年3月23日)。
(22)　『日経流通新聞』(2014年3月21日)。

≪参考文献≫

Blattberg, Robert C. and Jacquelin S. Thomas [2000] "Valuing, Analyzing, and Managing the Marketing Function Using Customer Equity Principles," in *Kellogg on Marketing* ed. Dawn Iacobucci, John Wiley & Sons,（奥村昭博・岸本義之監訳［2001］「カスタマー・エクイティ原理による評価・分析・管理」『マーケティング戦略論』ダイヤモンド社。）

川鍋一朗［2008］『タクシー王子，東京を往く。日本交通・三代目若社長「新人ドライバー日誌」』文藝春秋。

岸本義之［2002］「顧客生涯価値に基づくマーケティング」『THINK! 第1号』東洋経済新報社。

岸本義之［2004］「優良顧客を発見するための顧客生涯価値分析」嶋口充輝・内田和成編『顧客ロイヤルティの時代』同文舘出版。

岸本義之［2005］『金融マーケティング戦略』ダイヤモンド社。

（岸本　義之）

第10章　《trippiece〈トリッピース〉》ユーザー・イノベーションで需要創造

§1. はじめに

「もう感謝しても仕切れないくらい。『出会ってくれて有難う！』と思っています。一緒にいたのはたったの9日間なのに，本当にかけがえのない思い出を共有できました。人生で一番濃かった9日間かもしれません。」

これは，「みんなで旅をつくる」をキャッチフレーズにウェブサービスを手がけるトリッピース（東京都渋谷区）が企画した「ウユニ塩湖（ボリビア）・マチュピチュ（ペルー）ツアー」に参加した20代女性の声だ。

トリッピースは，ユーザー同士で旅行プランを練り上げるウェブ上のサービスを提供する。「こんな旅をしてみたい」というアイディアを持つ人が企画者（幹事）になり，旅のプランをウェブ上に登録。プランに賛同するものが現れると，フェイスブック上などで話し合いながら，具体的な予算・日程等をつめていく。一定数の参加者が見込め，プランがある程度固まった段階で，トリッピースが提携する旅行代理店にツアー化を依頼する。

これまで，「ラオスで象使いになるツアー」などユニークなツアーが実施され，延べ20,000人以上が利用する。ツアー参加者のリピート率は約50%と驚異的に高く，最近はメインユーザーの若者だけでなく，交流を求めるシニア世代からの旅の提案が増えているという。

商品企画そのものをユーザーに委ねてしまう。トリッピースが実現するのは，近年，注目を集める，まさにユーザー・イノベーションの仕組みである。

HPの写真

本章では，トリッピースを事例として取り上げ，ユーザー・イノベーション型ビジネスの現状と課題，今後の展開の方向性について論じる。

§2. 「旅と出会い」で世界をつなぐ
—トリッピースの理念と組織—

1. 起　業

トリッピースが設立されたのは2011年3月。現CEOの石田言行氏が中央大学3年生の時だ。

大学に入学すると，石田は今日のビジネスにつながるような一風変わった取り組みを始める。世界中の子供たちが撮った写真をSNSで集めて公開，写真に興味を抱いた人々に「写真を撮った子供に会いに行こう」とNPO，NGOの旅行ツアーを紹介する活動だ。原動力となったのは，「世界中の多種多様な人々をつなげたい」という石田の小さな頃からの夢であったという。

2010年1月にはこの活動をNPO法人化する。ちょうどそんな頃，石田はバングラデシュにある，ソーシャルビジネスで名高いグラミン銀行を見学しに行きたくなる。ツイッターに「グラミン銀行を見学しにバングラデシュに行きたいな」とつぶやくと，18名の賛同者が現れる。彼らと一緒に旅のプランを練り上げ，エイチ・アイ・エスにツアー化をお願いし，バングラデシュへの旅を実現させる。旅先で親しくなった参加者は帰国してからも「また行きたいね」と連絡を取り合うような仲になったという。

もともと起業志向のあった石田は「共通の趣味・嗜好を持つ人々が集まると，相互に刺激を与え合い，さらに趣味を極めたいとの思いを強くする。サービスを繰り返し利用してくれるはずであり，間違いなくこれはビジネスになる」と直感する。早速，3カ月で事業の構想を練り上げ，協力してくれるスタッフ数名と自宅のパソコンでサイト制作に取り掛かる。

会社を始めようと決めてから，実際の会社設立まではわずか6カ月であったという。

2. トリッピースの理念

社名の「trippiece」は，以前は「trip(旅)」+「piece(欠片)」+「peace(平和)」で「trippieace」と記述した。「旅先」での「現地の方々」との様々なふれあいを通じて「平和」な世界を実現させたいというトリッピースの理念が込められている。trippieace→trippieceに変更した。

旅という「非日常」は五感を刺激し，出会いを劇的に演出する効果がある。若い人たちがそんな出会いを通し，つながりあい，世界を変えていくべきだ。そんな石田の思いが結集した言葉だ。

石田は，子供の頃に広島で被爆体験を持つ祖母がよく語ってくれた「人を人としてみなさい」という言葉を鮮明に記憶している。この言葉に込められた思いが石田のその後の人生，そしてトリッピースの理念を方向付けたのかもしれない。

3.　トリッピースの組織

トリッピースの正社員は，2014年12月現在19名，平均年齢は27，28歳という若い組織だ。なお，正社員の数は過去1年間で12名増え，2015年10月には45名に拡大する予定だ。この他，契約社員1名，インターン・アルバイト20名が勤務する。

現在のトリッピースの組織体制は次の通りである。

①　ビジネス部門(8名，兼務者を含む)

ツアー参加者の増大やブランド認知の向上のためのマーケティング・営業を担当する。

②　開発部門(7名，同上)

サイトの開発やキャンペーン企画を担当する。

③　サポート部門(2名，同上)

ツアー参加者の様々な要望に応じるユーザーサポートを担当する。

④　コーポレート部門(2名，同上)

総務，人事などのコーポレート業務を担当する。

社員の採用にあたり最も重視するのは，とにかく「旅好き」である点だ。石田は「旅行が好きでたまらなく，自分たちが提供する旅行サービスを心から愛せることが必須」と指摘する。これはコーポレートも含め全職種共通の条件だ。さらに石田はトリッピースの求める人材要件として，指示待ちではなく自身で判断できる「地頭の良さ」，お客様の声に謙虚に耳を傾ける「素直さ」，多少の困難も楽しみながら乗り越えられる「粘り強さ」の3つの条件を加える。

§3. トリッピース独自の魅力的な旅行プラン

トリッピースの旅行プランは，通常の旅行パック商品では考えられないユニークなものだ。

1. 人気の旅行プラン

海外旅行でこれまでの一番人気が「ラオスで象使いになるツアー」だ。過去6回実施され，学生や20代の社会人を中心に毎回10人程度が参加する。旅の期間中にラオスで象使いの国家資格が取れるのが売りで，料金は10万円弱である。

見知らぬ人と旅行に行くのに抵抗はないのか。石田によれば「旅は，非日常。普段から身近な人と行くと，非日常の中に日常が入りこんでしまう。見知らぬ仲間同士で出かける旅もむしろ楽しい」という。会社の慰安旅行が敬遠されるのもうなずける。

この他で人気なのは，国内では「飛騨古川で古民家に泊まる」「栃木でスカイダイビング」「東京・三鷹で天体観測」などいずれも個性的なプランだ。特にスカイダイビングは人気のプランで，これまで延べ200名が参加したという。

人気の高い旅行プランの特徴として石田は次の2点を挙げる。

① 趣味性が強く，一人だとなかなか行けないプラン

スカイダイビングの他にも，「ボルダリング」「座禅」など趣味性が強いツアーも人気である。趣味性が強ければ強いほど，近くに同じ志向を持つものも少なくなる。かといって一人で参加するには敷居が高い。無理して友人を誘っても，白けた経験を持つ方も多いと思う。

まさに，「近くの友人より遠くの同好の士」が集うほど，旅行は楽しいものとなる。

② 祭りなどイベント要素が付加されたプラン

海外では「タイ・チェンマイのコムローイ祭り」「バルセロナでトマト祭り」

などが人気だという。

イベントは旅先での非日常性を演出する。その時，その場にいた人だけが味わえる感動やみんなで一緒に盛り上がったという経験が忘れがたい思い出として共有される。

2.　ユーザー特性とニーズの背景

現在，トリッピースにユーザー登録する者は16万人を超え，そのうち1回以上トリッピースでの旅行に参加経験を持つ「アクティブユーザー」は延べ2万人程度という。アクティブユーザーのプロフィールは20代，30代が中心。女性の割合が高く，全体の6〜7割を占めるという。

法務省の出入国管理統計によると，20代，30代若者の出国者数のピークは2000年の777万人。これと比べて，2003年は568万人と200万人以上も減少している。しかし，2009年以降は上昇に転じ，海外旅行需要は回復に向かいつつある。

こうした若者層の海外旅行ニーズを喚起する上で，安価で近距離，短期間という「安近短」ツアーは欠かせない。だが，石田は「今の若者はもっと違う

図表10-1　20代，30代の出国日本人の推移

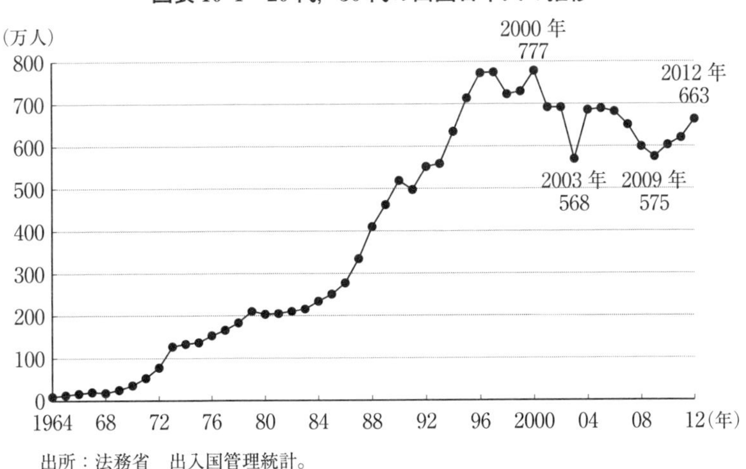

出所：法務省　出入国管理統計。

『旅』を求めている」と語る。

「30年前くらいまでは，海外に行くだけで価値だった。しかし，今は，行って何をするかが価値。パッケージツアーでは実現できない，仲間との共通体験が価値を生む」。

図表10-2　体験したい旅行内容

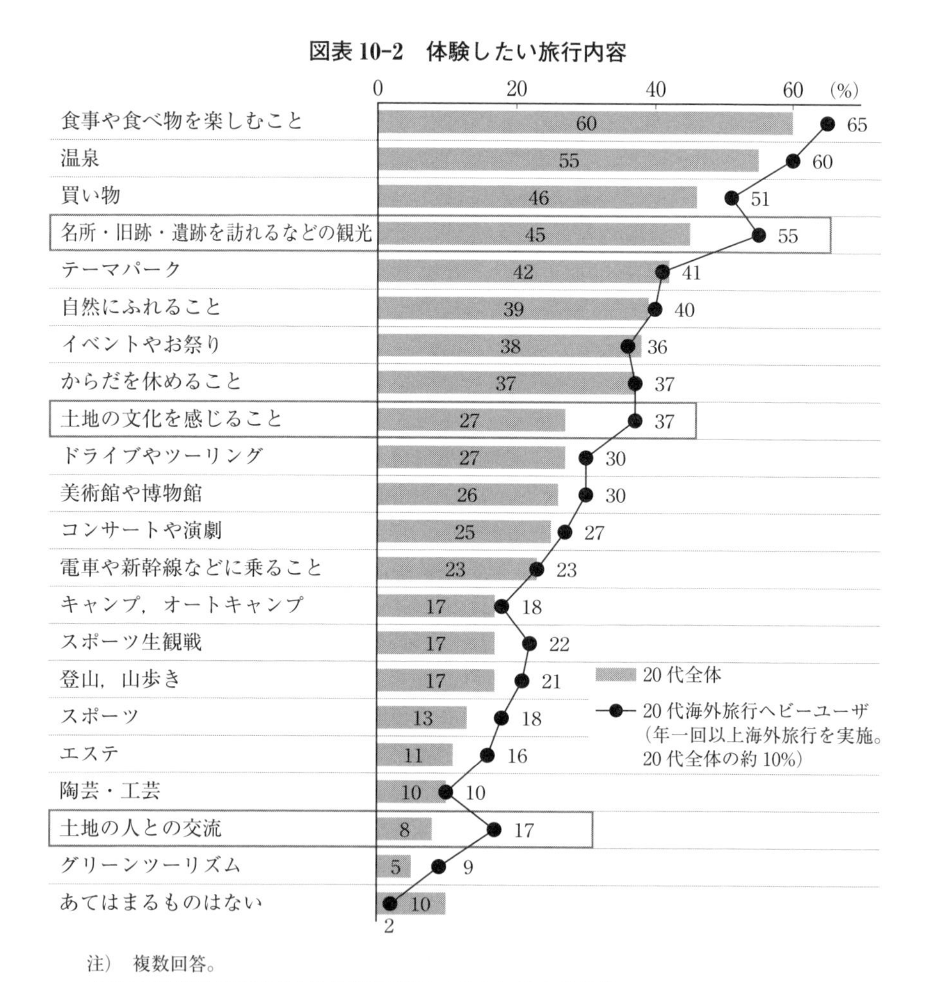

注）　複数回答。
出所：三菱統合研究所「生活者市場予測システム（mif）」2013年。

（1）　体験重視

三菱総合研究所が2013年6月に実施した「生活者3万人調査」によると，20代で「年一回以上海外旅行に行く」層(20代全体の約10%)は20代全体と比べて旅行に対するニーズに違いがみられる。

海外旅行経験が豊富な者ほど「名所・旧跡・遺跡を訪れる」に加え，「土地の文化を感じること」「土地の人との交流」といった人とのふれあい体験を重視している。こうしたニーズを取り込むのがトリッピースの旅行だ。

（2）　シェア志向

また，石田は，若者が共通体験を求める背景として，「テラスハウス」「シェアハウス」「ルームシェア」などが注目を集めるように，若者の間に体験を「シェア」するという下地ができていることを指摘する。

例えば，ルームシェア・シェアハウスの利用実態，利用意向を「生活者3万人調査」の結果からみると，いずれも他の世代と比べて20代が最も高くなる。こうしたシェア志向の高まりが需要を根底から支える。

図表10-3　1つの住宅に家族以外と共同で住む（ルームシェアやシェアハウスなど）

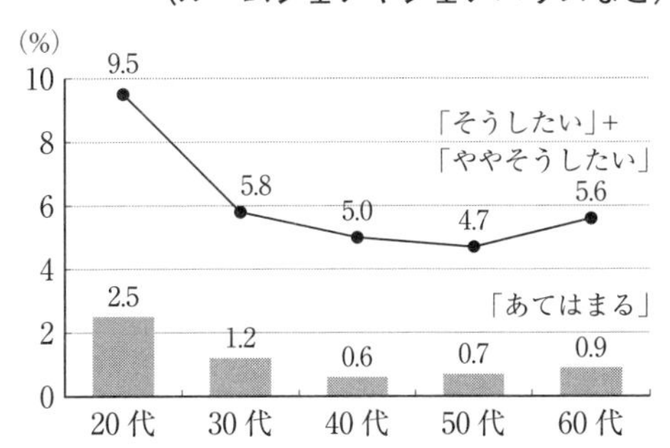

出所：三菱統合研究所「生活者市場予測システム(mif)」2013年。

§4. トリッピースのサービス戦略
―ユーザー・イノベーションの仕組み―

1. 開発プロセス

それでは，具体的にどのようなプロセスで旅行プランが生み出されるのかを見てみよう。

(1) 企画者からの提案

商品開発は「こんな旅をしてみたい」というアイディアを持つ「企画者」が旅のプランを登録することから始まる。手続きは至って簡単だ。①旅のタイトル，②旅への想い(なぜ，その旅を企画したのか)，③イメージ写真の3つを所定のフォームからアップすれば，自動的に個別プランのページが作成される。

旅行プランを自ら企画する「企画者」はおおよそ6,000人。アクティブユーザー全体は女性が6～7割を占めるのに対し，企画者では男性比率が高く，7割程度を占めるという。20代，30代が中心である点は全体と変わりないが，60代のシニア層も投稿を寄せる。

「企画者」のプロフィールを石田は「飲み会の幹事タイプ。世話好きで，まとめ役タイプ。みんなにありがとうと喜んでもらえるのが何よりうれしい，承認欲求の高い方」と表現する。

実際，企画者は幹事役として以降の旅行プランを取りまとめていくことになる。

(2) 参加者を集め詳細を決める

プランに関心を持つ参加者が集まると，フェイスブック上で話し合いながら，ユーザー同士で日程や予算，ホテルなどの詳細事項を決めていく。

国内旅行の場合だと，平均10～12人のツアー参加希望者が約2～3週間に渡り議論を重ねる。この間の投稿数(アクティブ数)は約200～300程度。海外旅行の場合は，より期間は長くなり約1～1カ月半，総投稿数も400を超える。

最も多く議論されるのが「日程」と「そこで何をやりたいか」である。様々なプランに対する意見については投票が行われ，最終的には「企画者」が投票結果を参考に判断し，プランを取りまとめていく。

なお，ここでは，見知らぬ人々とプランを作成するプロセスを共有することとなり，結果，出発日までに，1つのプロジェクトを実現させるという連帯感や達成感がもたらされるという。「みんなで作った旅行プラン」という意識はこれから始まる旅や仲間との出会いへの期待につながる。

（3）　ツアー化を依頼

企画がある程度固まった段階で，トリッピースは提携先の旅行代理店にツアー化を依頼する。ちなみに旅行代理店に支払われる料金のうち，約10%がトリッピースへ手数料として入る。現在，エイチ・アイ・エスやJTBなど10社と提携を結んでいるが，旅行代理店サイドに立っても，成果報酬型でお客さんを連れてきてくれるトリッピースは，ありがたい存在である。

また，参加者にとっては，一人旅とほぼ同程度の独自体験が堪能できる企画を旅行会社より「共同購入」することができ，その分価格が抑えられる。また，一人旅にはない，「旅の保険」や様々な「旅のサポート」がつくのも魅力だ。

2.　成功のポイント

こうしたユーザー主導の開発を進めていくうえで，ユーザー・コミュニティの「質」を維持し高めることが何より大切となる。初めて旅の企画をアップしようとする人が気軽に投稿したくなるようなコミュニティ。ツアー参加希望者が気兼ねなく，自由にディスカッションできるコミュニティの実現だ。

（1）　コミュニティの適正規模を維持する

第一のポイントがコミュニティの適正規模を維持することだ。

コミュニティの質を維持するため，石田は「オンライン」と「オフライン」

の適度なバランスが大切であるという。

「ツアーに参加した人は，トリッピースを介して知り合った仲間のことをオンライン上で悪く言うことはない。リアルな空間で結ばれた絆により，発言はよりポジティブに，かつ好意的なものに変わる。参加者にとって快適で居心地のよいコミュニティが出来る」という。

このため，トリッピースでは，ツアー参加経験者数（アクティブユーザー数）に応じ，バランスを取りながらのコミュニティの拡大を目指しているという。急速にコミュニティの規模拡大に走ると，このオンライン，オフラインのバランスが崩れ，コミュニティの質が落ちるからだ。

（2）　開発プロセスにおけるコミュニケーション支援

そして，第二のポイントは開発プロセスにおけるコミュニケーション支援である。初めて旅の企画者になる者にとって，1週間以上に及ぶ参加希望者とのやり取りとプラン化は何かと不慣れなことも多く，不安がつきまとう。こうした企画者を支援し，コミュニケーション活性化を図るのは，トリッピースの重要な役割である。サポート部門が中心となり，企画者に寄り添う形で支援する。例えば，参加希望者とのやり取りを常時フォローし，必要があれば，企画者にメールやチャットで議論の盛り上げ方や意見の取りまとめ方をアドバイスする。

この際，大切なのは，トリッピースの社員が全員旅行好きである点だ。しかも，多くの社員が自ら企画者となって旅行プランを投稿した経験を持つ。もちろんツアーにも積極的に参加する。

例えば，石田の場合，これまで旅した国が約20カ国，10年以内に150国を訪れるのが目標だ。また，過去36本の企画を提案し，うち，16本をツアー化した実績を持つ。ツアーへの参加経験も69回に及ぶ。

このように社員が企画者，参加希望者両方の気持ちを熟知していることがコミュニケーション支援の最大の武器となる。

（3）　「共感」「共創」「共有」の好循環の仕組みをつくる

コミュニティの質を高めることで，石田が目指すのは「共感」「共創」「共

図表10-4　「共感」「共創」「共有」の好循環

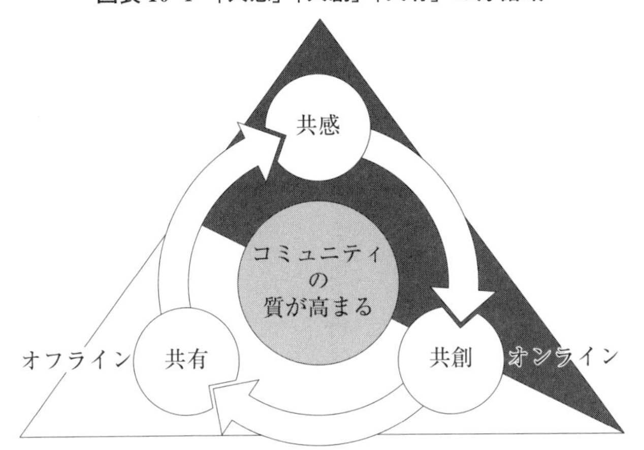

有」の好循環の仕組みだ。

▶「共感」：企画者による，共感度が高く，参加したくなるような旅の提案
▶「共創」：企画提案をベースとした，参加者が一緒になっての魅力的な旅行プランの作りこみ
▶「共有」：自分たちが作り上げたツアーに参加し，旅先での感動体験をみんなで共有

感動体験を共有することが参加者のコミュニティへのロイヤルティを高め，企画者として，あるいは参加者として，より魅力的な旅行プランを練り上げるインセンティブとして働く。こうしたユーザー参加型の商品開発プロセスを繰り返すことで，質の高いコミュニティ風土が醸成される。トリッピースの理念が核となり，共感した参加者の輪が着実に広がる。

トリッピースの最大の強みは，魅力的な「サイト」「キャンペーン」「旅行プラン」といった「目に見える部分」もさることながら，それらを支えるビジョン，ロイヤルティ，風土といった「目に見えない部分」にあると言える。

3.　今後の展開

トリッピースは，2013年8月には米国系ベンチャー・キャピタル等より2億円の資金を調達した。

2014年1月にシンガポールに初の海外拠点を開き，同じSNS型旅行で日本に観光客を呼び込むことを計画している。まさにビジョンを世界に広げるべく事業を展開しようとしている。

2015年内には更なる資金調達も計画しており，マーケティング活動を活発化させる。国内では，トリッピースが提唱する新しい旅行文化の普及啓蒙。オンラインでの情報発信に加え，オフラインでも出版やマスメディアへの露出を高める。国内では団塊世代(1947〜49年生まれ)が順次65歳を超え本格的リタイアを迎える。かつて消費・ライフスタイルをリードしてきた団塊世代においては，「ありきたりでない」セカンドライフの過ごし方への関心が高まっている。トリッピースのビジネスモデルは若者だけでなく，こうしたシニア層のニーズの受け皿としても可能性を秘めている。

海外では，訪日観光のアピール。海外拠点のあるシンガポールに加え，タイやマレーシアから観光客を集める計画だ。政府は，アベノミクス成長戦略の一環として「観光立国実現に向けたアクション・プログラム」を取りまとめた。現在の訪日外国人旅行者数1,000万人を，2020年には2,000万人を目指し取り組みを強化する。こうした動きもフォローウィンドとして働く。

旅で世界をつなげる。トリッピースはまさにビジョンどおりの事業を展開しようとしており，2018年，19年には株式の上場も計画している。

§5.　む　す　び

作り手である企業ではなく，使い手であるユーザーがイノベーションをもたらす「ユーザー・イノベーション」が着目されている。

小川［2013］によると，これまでのユーザー・イノベーション論では，リードユーザー法と呼ばれる「特定少数」のユーザーを探し出す手法の開発に努力が注力されてきた。

一方，1990年代以降，インターネットの発達で消費者はこれまでとは全く違う形でつながるようになった。こうしたネット上に集まった「不特定多数」の「群衆(crowd)」のアイディアを製品開発に組み込むクラウドソーシング(crowd sourcing)という手法が注目を集めている。

インターネットの利用は，特に1987年以降に生まれた，現在は27歳未満の「ゆとり世代」で顕著だ。小学校になる頃には家庭にPCが普及し始め，学校教育のカリキュラムにも組み込まれ，彼らは「デジタルネイティブ」とも言われる。「生活者3万人調査」からも「ゆとり世代」が他の世代に比べより積極的にブログやツイッター，SNSを活用し情報発信と共有を行う姿が確認される(図表10-5参照)。

トリッピースの事例はまさに，こうした若者層を中心にクラウドソーシングの仕組みをつくり，新たな旅行需要を創造した事例と言える。

図表10-5　ブログ，ツイッター，SNSによる情報発信・共有

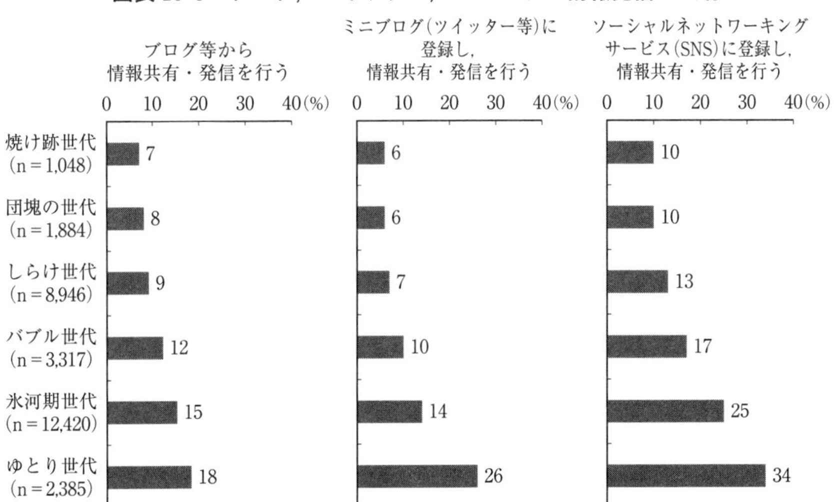

注）「あてはまる」「ややあてはまる」合計

出所：三菱統合研究所「生活者市場予測システム(mif)」2013年。

図表 10-6 は旅行に対する需要のタイプにより，トリッピースのポジショニングを整理したものである。

不特定多数を対象に，誰でも一度は訪れたい有名観光地を組み込み，「手軽さ」「安さ」を訴求するのが「パッケージ旅行」。この対極にあるのが「個人旅行」である。特定個人がそのニーズに応じて独自に企画し，実行に移すオンリーワンの旅行だ。万人受けする必要はなく，個のニーズに対応する“とんがった旅行”となる。

トリッピースの旅行は両者の中間に位置づけられる。対象は不特定多数というよりは，あるテーマに共感した「特定多数」となる。個人旅行のように，「自分が行ってみたい」という要素は重要だが，それ以上に「みんなが行ってみたい」という共感性が重要である。

「共感」によってつながる同好の士が集まり，よりよい旅行プランを練り上げるための「共創」が行われる。この過程で同好の士の絆意識は一層強固なものとなり，旅に行く前から仲間意識が強くなる。こうした仲間たちが旅の場で出会い，感動体験を「共有」する。この感動体験が次の共感性の高い旅行プランに結びつく。こうしたユーザー同士の関係性が魅力的なプラン創造，さらにはトリッピースへのブランドロイヤルティにつながる。

旅行情報がネットで溢れる時代。旅先の名所や交通手段といった基本的な旅の情報はもちろん，地元のレストランの味や雰囲気もネットで簡単に検索できるようになった。

しかし，石田はいう。「こうした事前情報によって可視化されればされるほど，旅はつまらなくなる。何が起こるかわからないドキドキ感こそが旅の醍醐味だ。」

トリッピースが運営するコミュニティでは，みんなで旅の体験をデザインしていく。想像と期待は膨らみ，旅はドキドキ感に溢れた魅力的なものとなる。

顧客の声をイノベーションにつなげるトリッピースの取り組みは，新たな需要創造の仕組みといえる。

図表 10-6 「旅行商品」市場の構造

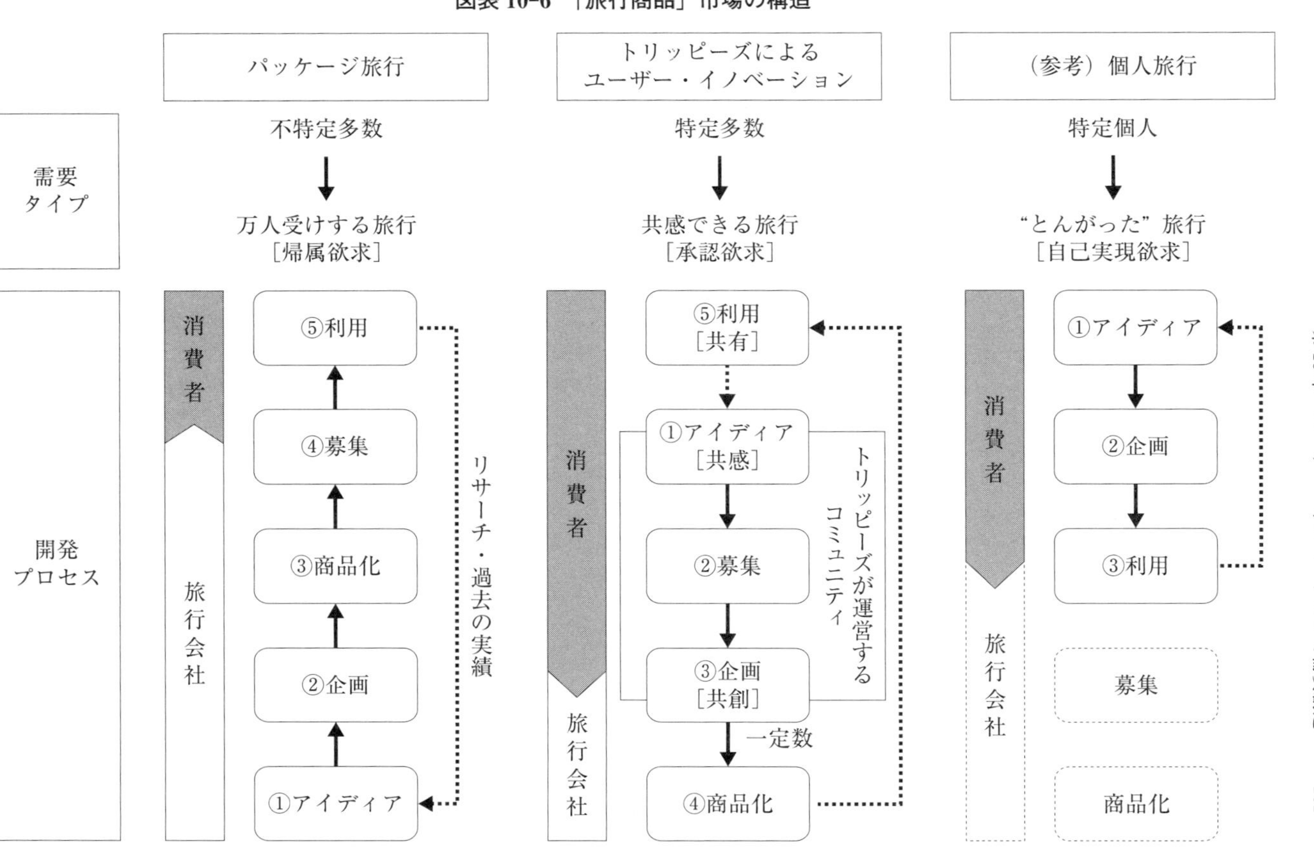

≪参考文献≫

小川　進［2013］『ユーザーイノベーション』東洋経済新報社，136-138頁。

（阿部　淳一）

第11章　《OKWave》
集合知によるWEBロイヤルティの獲得に向けて

§1. はじめに

日本初のQ&Aサイト「OKWave」を運営する株式会社オウケイウェイヴ(以下，オウケイウェイヴ)は，1999年7月現社長の兼元謙任(かねもと・かねとう)氏によって設立された。

兼元氏は1966年に愛知県名古屋市に生まれた。在日韓国人3世として生まれ帰化するが，その出生による差別やいじめに苦しみ，また小児ぜんそくやアレルギー，さらには運動神経に障害をもたらす難病の発症により車いす生活を余儀なくされた時期もあった。

愛知県立芸術大学美術学部を卒業後，デザイン会社に就職したのち建築塗装会社に転職，デザイン室長をまかされる。デザイナーとしてのキャリアを着実に積むなか，最も力を入れていたのが大学時代に有志で結成したデザイナーグループの活動だった。「デザインの力で世界を良くしたい」という信念を持って，自らの視点を取り入れた身体障害者向け製品など様々なデザインを手がけ，多数のデザイン賞を受賞した。

しかし，この活動はメンバーの離反により，まもなく解散となる。兼元氏は，再就職もままならず生活費にも困るようになり，1997年ノートパソコンをたずさえ，公園でホームレス生活を始めることとなった。

ホームレス生活を送るなか，知人からホームページ作成の仕事が舞い込んだ。WEBデザインは全くの初心者だった兼元氏はHTMLを一から独学で学び，わからないことを電子掲示板に書き込み，回答を募った。すると「マナーが悪い」「過去ログを読め」等，激しく罵倒され，WEB上で大げんかとなる。怒りを覚えつつも，兼元氏の頭には幼少期に受けたいじめの記憶がよみがえっていた。

> 「かつての自分はアンサー（答え）にばかりこだわって，問いや質問と向き合うことを忘れて，周囲に迷惑をかけ，また自分自身も深く傷つきました。また，生い立ち，病気やいじめなどで煩悶する自分に答えてくれる場もなく，さらに苦しんでいたように思います。その反省や経験をふまえ，困っている人の質問とそれを助ける回答のコミュニケーションから成り立つシステムを，自分のこの手で誕生させられるかもしれないという気持ちが，僕を突き動かし始めました」（兼元［2005］）。

この出来事をきっかけとして，2000年1月に現在のOKWaveの元となる「OKWebコミュニティ」の運営を開始することになる。これまでに投稿されたQ&Aは3,220万件，質問に対し寄せられた回答に質問者が投稿する「お礼コメント」は4,200万件である（2014年12月現在）。

§2.　OKWaveの沿革

1.　Q&Aサイトの開設

OKWaveが開設された2000年は，パソコンおよびインターネットが個人に普及し始めた時期であった。家庭用OSとして発表されたWindows95，それに続く98の大ヒットも手伝い，1998年に25.2％であったパソコンの世帯普及率は2001年には50.1％に倍増し(1)，インターネットの世帯普及率は13.4％から44.0％に上昇している(2)。

1998年には検索エンジン「Google」が稼働を開始し，また日本国内では新規投稿された書き込みが一番上に表示される「フロート型」掲示板が誕生した。

この「フロート型」を採用した大型電子掲示板「あめぞう」が 1998 年に，「2 ちゃんねる」が 1999 年に開設される。個人が，調べものやコミュニケーションのツールとしてインターネットを使用し始めていた。

とはいえ，電子掲示板には利用者内での暗黙のマナーが存在し，初心者が突然活用するにはハードルの高いものだった。また「検索する」の総称として使われる「ググる」という言葉が流行し流行語大賞の候補となったのは 2006 年と，掲示板と検索ツールが日本で一般化するのはまだ少しあとのことになる。

このような中での Q&A サイト立ち上げは，今から振り返れば当然の流れにも見える。しかし兼元氏が当時サイトのアイディアを提案したとき，「システム作成が困難」「メールや電子掲示板で事足りる」「誰が必要としているのか」「儲けにならない」と否定的な意見ばかりがあがった。それでも兼元氏が Q&A サイトにこだわり続けた理由には，冒頭に述べたような同氏の半生が大きく影響していた。

ホームレス生活をしつつ WEB デザイナーとして徐々に活躍の場を広げていた兼元氏は，定期的に仕事を受注していた会社を中心に「Q&A サイトを立ち上げたい」として出資を求めたが，「金にならない」とことごとく断られる。結局兼元氏は月 2 万円程度のレンタルサーバーを借り，ボランティアのプログラマーにプロトタイプ(テスト品)を作成してもらうと，1999 年 7 月「有限会社オーケーウェブ」を立ち上げた。設立時の費用は約 400 万円だったという。

アクセス数の増加に合わせサーバーの増強を行う必要があったため，多額の費用が発生し，創業より 2 年間は赤字決算を余儀なくされた。設立当初は財務的に非常に厳しい状況が続いたものの，大手掲示板に好意的な口コミが書き込まれ，また，雑誌やウェブサイトで特集が組まれるなどしたため，OKWave のアクセス数は飛躍的に伸びていくこととなった。

2. OKWave のこだわり

Q&A サイト設立に際して，兼元氏が徹底的にこだわったのが「荒れないサイト」にすることだった。前述したような自身の経験をふまえ，安心して質問ができ，建設的な話し合いのできる場とするため，開設当初より様々な工夫をした。

まず，質問と回答どちらに投稿する場合でもユーザー登録を課すことにした。2ちゃんねる等の電子掲示板が匿名で誰もがすぐに参加でき，またYahoo!知恵袋がYahoo!メールのアドレスだけで参加できることに比べると，目的が「荒らし」であるユーザーにとってはやや敷居が高くなる。また，ユーザーには書き込み前にネット上のエチケット，いわゆる「ネチケット」を啓蒙し，これに著しく違反する書き込みは削除し，場合によってはIDの削除を行う旨説明を加えることにした。

投稿された質問と回答はまずシステムでチェックする。ここで，規定の「禁止ワード」を使用するものは自動的にはじかれ掲載される。同時に，カスタマーサポート部門の目視確認にまわされる。質問や回答が投稿されると即座に担当者にメールで通知されるシステムとなるため，荒らし投稿には数分以内に対応できるしくみを設けた。ちなみに，言いまわしはチェックの対象とならない。また，投稿後はユーザーによるチェック機能が作られており，違反と思われる投稿は，カスタマーサポートセンターに簡単に通報することができる。カスタマーサポートの担当者は数名だが，「OKWave＝マナーに厳しい」と周知徹底されているため，現在荒らし目的の書き込みはほとんど見受けられないという。

安心して建設的な話し合いができ，かつ多くの意見を聞くことができるというOKWaveの優位性が最も顕著に表れたのが「今週末妻が浮気します」という投稿だった。2004年1月28日に質問が投稿されて以来，回答数はおよそ17日間でのべ108件（同年2月13日に回答締め切り），閲覧数は466,512件（2014年1月現在）となっている。これだけ多くの注目を集めつつ，削除対象となった回答数は一桁だったという。

質問と回答が繰り返された後，質問者の男性は最後の「お礼」としてこう綴る。

「様々な方々に，様々なご意見をいただきました。（中略）この場がなければ全く違う結果になっていたと思います。（中略）最後に，管理人さん，このサイトで私は生まれ変わることが出来ました。人生の恩人だと思っています。ありがとうございました」(OKWave サイトより抜粋)。

Q&A サイトが質問者から，ここまで言わせるほどの力となることを表したケースだった。このケースは，OKWave，ひいては Q&A サイトそのものの知名度を大きく高めることになった。(3)

建設的な回答を得るためには，「荒らし」と呼ばれる投稿を極力減らしていくことともに，投稿数自体も増やすことが不可欠であった。そこで，あえて競合となりそうなサイトと積極的にパートナーとして連携することにした。OKWave に質問を書き込むと，パートナーサイトにも自動的に質問が掲載されるもので，Q&A サイト「楽天みんなで解決！ Q&A」「BIGLOBE なんでも相談箱」などの約60サイトと連携した。一回の手間でより多くの回答の窓口を設けられるため，短期間で多くの回答が得られることになった。

3. Q&A サイトの事業化

創業より半年後の2000年2月，オウケイウェイヴは株式会社に組織変更する。株式会社化するにあたり，兼元氏は未上場企業に投資するいわゆるベンチャーキャピタルに投資を持ちかけるも「ボランティア活動との違いがわからない」「判断できない」とことごとく断られる。一方，初期の大口株主である楽天，サイバーエージェントらは自ら投資を持ちかけてきた。株式会社化を果たした当初の投資額内訳は楽天が4,000万円，サイバーエージェントが2,000万円，その他 PC 関連の専門誌を多く立ち上げた株式会社インプレス，製造業ネットワークの草分け的存在であったエヌシーネットワークからも投資を受け，総額1億円を超える資金を得た。

この資金の多くはサーバー整備と人件費として先行投資していた部分に充てられたため，兼元氏は Q&A で収益を得るしくみを早急に確立する必要があった。そもそも兼元氏は Q&A サイト自体で利益を出すことは難しいと考えており，収益を上げるためには Q&A システムを企業に販売することがベストな方法であると考えていた。創業当初，前述のエヌシーネットワークより製造技術専門のQ&Aサイト作成の依頼を受けたことがヒントとなった。

日本では，職人は親方に弟子入りし，仕事を見よう見まねで体得したものを代々引き継ぐのみで，同業者同士で情報交換をする習慣に乏しい傾向にある。エヌシーネットワークの内原康夫社長はこうした風習に疑問を持ち，個々に蓄積された知識を同業者同士で共有すれば日本の製造業の活性化につながると考えていた。これは個人の知識を共有し組織の底上げを目指すという点で兼元氏の理念と強く共鳴するものであった。こうして生まれたのが現在も多くのユーザーを抱える技術系Q&Aサイト「技術の森」である。

4.　OKBizの提供開始

2000年7月，Q&Aのノウハウを企業向けのシステムとして開発・提供する「OKBiz」の正式提供を開始した。当時，企業のカスタマーサポートの分散化が進みつつあった。カスタマーサポートは社内でも複数の部署が担当していたことに加え，在宅ワークとして個人に委託される場合も多かった。その結果，情報が一カ所にまとまらず，担当者が不在の場合などにユーザーが一から状況説明をし直さないといけないという問題が発生していた。これを受け兼元氏が当初考案していたアイディアは，ユーザーがウェブ上に質問を書き込むと，社員，パート，在宅に至るまでのすべてのサポート側はすべての質問を閲覧し，回答することができるというものだった。

まず，ユーザーにとっての使いやすさに徹底してこだわり続けた。そのために，日本国内のシステム基盤を使用し，日本人好みの画面や操作性を追求した。また，サーバーダウンを極力なくすためシステムとメンテナンス体制を強化し，99.99%の稼働率（メンテナンス時を除く）を実現している。

その一方，解決済みの質問についてもシステム上で公開し続けることで，サポート側のすべての人が質問と返答の全履歴を共有できるようにした。さらに，頻繁に訊かれる質問をFAQ（良くある質問と回答）として公開し，ユーザーが自己解決できるサービスを付けた。このシステムは当初4件販売されたものの，受注はそれ以上伸びなかった。しかし，導入した企業からの反響はすこぶる良く，30%の効率アップを報告する企業もあった。販売不振の理由は営業にあると感じた兼元氏は，アプローチ方法を顧客の立場に立って一から考え直した。

・どういう人が選んでいるのか？
・どういう人がお金を払ってくれるのか？
・誰が導入を決定して，今まで何に困っていて，何かをやっていたけど，なぜ，だめだったのか？
・オーケイウェブのツールを入れると，どういう点がよくなるの？
・お金に換算したらいくらの価値をもたらしたのか？

（兼元［2005］より抜粋）

性別，年齢，職業，役職等などを設定した架空の相手を想定し，上記の項目に沿ってシナリオを作って一人ひとりの問題点を想像してみた。すると企業の求めるサービスは「FAQによって問い合わせの件数を減らすこと，サポートセンターの運営費用を削減すること」ではないか，という結論を得た。

そこで兼元氏は，当初の「社内の業務フローを一元化し，情報共有のサポートを行う」というサービス・コンセプト（セールス・トーク）をやめ，「問い合わせを減らすためにFAQツールを自由に維持できる仕組みを提供する」に変えた。これによって，興味を持つ企業が格段に増えることとなった。当初のコンセプトでは10社中1社とアポイントを取れればよしとしていたところ，変更後は10社中8社とアポイントを取ることができ，中にはプレゼンから3，4日で契約を結ぶ企業もあった。

その後今日に至るまで，顧客対応の一元管理と共有，FAQの作成公開をシステム化した「OKBiz for FAQ」，企業のカスタマーサポートにOKWaveをリンクさせたコミュニティを設置し，顧客同士での問題解決をシステム化した「OKBiz for Community Support」など，様々な種類の企業向けのサポート・システムを開発している。

こうして2001年前後から大手企業の導入が続くこととなった。2014年時点でOKBizを使用する企業は公的機関を含め国内300以上にのぼる。OKBizを収益の柱とし，その開始より約6年後の2006年，オウケイウェイヴは名証セントレックスに株式上場を果たした。現在における事業構成を図表11-1に示す。OKWaveを中心に，OKBiz事業で収益を上げ，さらには，近年ソーシャルコマースビジネスを展開する事業構成となっている。

図表11-1　オウケイウェイヴの事業内容

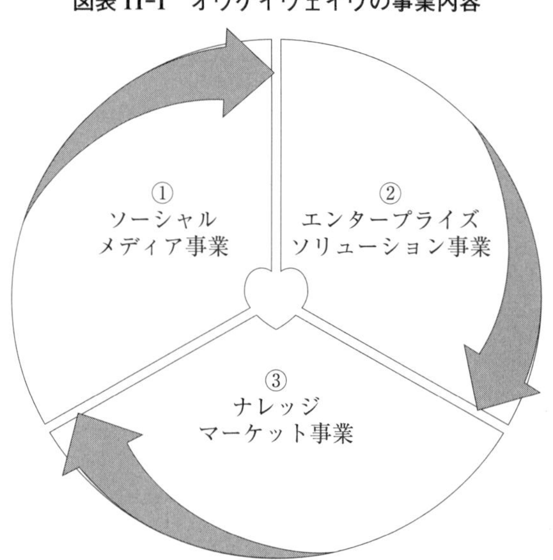

① ソーシャルメディア事業：
日本初，最大級のQ&Aサイト「OKWave」を運営するほか，ノウハウ共有サイト「OKGuide」の提供，さらには20カ国語に対応したソーシャル多言語コミュニティ「OKWaveありがとう」を提供する。

② エンタープライズソリューション事業：
「悩み」に「解答」を提供することをコンセプトとしたトータルWebサポートソリューションを企業・団体向けに提供する。FAQ(よくある質問とその回答)を作成，編集，公開する一連の流れを搭載した特許技術を有するシステム「OKBiz for FAQ/Helpdesk Support」，Q&Aサイトと連携したQ&Aコミュニティを開設できる「QA Partner」，Q&Aサイトの問題解決力をユーザーサポートに活用できる「OKBiz for Community Support」等を提供している。

③ ナレッジマーケット事業：
「知識流通」という新しいコンセプトをベースとした個人向け課金サービスを提供している。

§3.　OKBizの活用事例

OKBizは多くの業界で活用されてきた。活用方法は様々であるが，最も典型的には利用者の急増する質問への対応をOKBizによって解決しようとするものである。その1つの事例がカブドットコム証券株式会社(以下，カブドットコムと記す)の「教えて！kabu.com」である。

1.　教えて！kabu.com

近年，ネット証券各社は売買にかかる手数料を大幅に引き下げることで新規顧客獲得を狙ってきた。価格競争が激化する裏では企業の撤退や合併が相次ぎ，売買ツールの使いやすさ，また投資情報やサポート体制の充実などの「顧客サービス」がネット証券各社の死活問題となって浮上した。

当初，カブドットコムの顧客サポートは，ホームページにガイドブックを掲載し，そこで解決できなかった問題はサポートセンターが電話やメールで対応するというシステムだった。さらに，顧客同士のコミュニケーションの場があればサービスの補完になるのではないかと考え，2002年に「お客様広場」という電子掲示板を設け顧客同士のコミュニケーションの場を作った。しかしながら，一時は多くの書き込みがあったものの次第に閑散化してしまった。「お客様広場」をにぎやかなコミュニケーションの場として安定的に供給するため，2011年OKWaveのシステムを導入することにした。こうして開始されたのが「教えて！kabu.com」である。

「教えて！kabu.com」は，OKWaveのシステムを証券関連の内容に特化させたもので，OKWave同様登録は無料，書き込みにはログインが必要となる。システム導入後，顧客を待たせる時間が劇的に改良された。例えば，サポートセンターのメールによる質問対応スピードが平均して20時間程度である一方，「教えて！kabu.com」に書き込まれた質問に何らかの回答が付くまでの所要時間は平均11時間とされる。約半分の時間で回答が得られるようになり，過去最も速い回答は質問掲載より36秒後とスピーディな解決に定評がある。

「教えて！kabu.com」の登録ユーザーは，現在約4万人に上る（2013年4月時点）。2012年末に始まった経済政策の影響によりマーケットが非常に活況となったことを受け，同時期の「教えて！kabu.com」に寄せられた質問と回答数はそれまでの2倍以上に増加した。マーケットが活況を見せると，株の初心者やブランクのある経験者の復帰が増えるため，初歩的な問い合わせが増える傾向にある。「教えて！kabu.com」上では初心者の顧客が質問しベテランの顧客が返答するというケースが増え，今後のユーザーにとっても非常に貴重なQ&Aがやりとりされたという。

また，コールセンターでは言いにくいクレームや問題点も，コミュニティ上では発言しやすいこともQ&Aの増加に寄与した。投稿された声はリアルタイムに経営陣にメールで通知されるシステムを取り入れ，サービス改善へとつなげている。OKBizのシステムは，VOC（Voice of Customer，顧客の声）の活用ツールとしても非常に重宝されているという。

2.　沖電気工業株式会社

上述のカブドットコムでの活用方法は，一般消費者による質問を対象として解決策を提供するところに特徴がある。一方，以下に述べる沖電気工業株式会社（以下，沖電気と記す）の活用事例は，顧客となるパートナー企業，さらには沖電気での確実な情報共有という点で大きな便益を提供するものとなっている。

沖電気は1881年創業の電話機の国産化を目的とし設立された企業である。現在は様々な機器を国際的に展開している。国内では企業の通信インフラ，ATM，交通機関の券売システム等の様々な公共システムを供給，維持している。FAQ作成管理ツール「OKBiz for FAQ」「OK Biz for Helpdesk Support」を導入している通信システム事業本部は，電話交換システムや無線LANシステムなどの機器を開発，製造，販売する業務を行う部署となる。カスタマーサポートセンターに寄せられる問い合わせは，パートナー企業からの企業向け電話交換システムに関する問い合わせがほとんどで，その内容はユーザーからあがった操作に関する質問や故障対応などである。

システム導入前は個別に電話やメールで対応していたため，問い合わせの担当が変わると以前の内容が把握されていないことが大きな問題であった。また，電話対応にはつきものの「言った，言わない」の齟齬によるクレームも多かった。

OKBizの導入により，電話やメールでの問い合わせはすべて「ヘルプデスク対応履歴」としてWeb上に記録されるようになった。これは問い合わせたパートナー企業と沖電気のサポート担当のみが閲覧可能な専用サイトで，パートナー企業にとっては自社専用窓口のように使用することができる。沖電気のサポート担当としても過去の対応内容を簡単に参照することができるため，問い合わせを受けた際の無駄な手間を減らすことができる。

また，文書化されることで勘違いや聞き違いがなくなり，こういったことを原因とするクレームはなくなった。同じような問い合わせが複数回発生した場合は速やかにFAQサイトに掲載し，さらにFAQサイト上でアクセス数の多かった質問と回答を自動抽出するシステムを使用して，パートナー向けのメールマガジンに掲載した。

電話やメールでの問い合わせがサポート担当スタッフでは解決できない内容であった場合，対応は技術スタッフにリリースされるが，このとき個別のスタッフにリリースするのでなく，メーリングリストですべての技術スタッフに対応依頼メールが流れる仕組みをつくった。その時々対応可能なスタッフが，即時に回答することを目指したためだ。OKBiz上で情報共有がなされているため，技術スタッフでも比較的簡単に対応にあたれるようになり，「先延ばしせずその場で片付ける」という意識がスタッフ全体に根付いたという。

また，沖電気のパートナー企業には製品とともにチケット制の有償サポートを受けている企業が多いのだが，問い合わせ前にFAQ確認を徹底し，できるだけチケットを使用せず解決しようとする企業も増えた。同じ問い合わせに複数のチケットを使用するなど，無駄な消費を懸念するパートナー企業の管理職も多かったが，問い合わせ履歴を閲覧できるシステムによってこれも解決された。

「パートナー企業に早く問題解決する手段を提供すること」がOKBiz導入の第一の目的であったが，導入前と後を比較すると，サポート担当での平均回答日数は，3年間で約5分の1に短縮された。このような取り組みから，パートナー企業を対象として行うアンケート調査では，2008年以降「技術サポート」部門の評価が高まってきたという。

3.　EPSON

一方，以下で述べるEPSONでの活用事例は，営業時間やあるいは原因が特定できないような企業の守備範囲を超えたところで生ずる消費者の質問に答えるところにOKWaveの価値が認められたケースである。

2013年4月，EPSONが導入した「OKBiz for Community Support」は，コミュニティ上のユーザー同士が問題解決をはかるシステムを企業サポートに活用するというものだった。EPSONのホームページの「サポート」ページを開くと，「問い合わせ」の項目に「電話」「メール」と並んで「なんでも質問箱」が設置されており，ここをクリックすると質問を書き込めるページが表示される。「なんでも質問箱」から投稿された質問はそのままOKWave，さらにはOKWaveの全パートナーサイトに共有されるため，時間を選ばず，多くの回答を得られるシステムとなっている。

そもそも，OKWaveに寄せられる質問にはプリンターやスキャナーの設置・不具合に関するものが多く，述べ件数は約4万件にものぼる(2013年4月現在)。昼間仕事をしているユーザーにとっては，機器になにか不具合があってもメーカーのカスタマーサポートセンターの業務時間内に電話をすることは難しい。また，土日に電話をしてもなかなかつながらないことも多い。しかし，ネット上のコミュニティであれば，時間を問わず対応できることになる。

意図せず効果を発揮したケースもある。同社に寄せられる質問には，別の製造メーカーの商品が絡む質問も多く，公式な回答ができない質問も多かった。例えば，「パソコンとスキャナーの接続がうまくいかない」という質問などがこれに該当する。このようなケースでは，パソコンの製造メーカーはスキャナー側の問題については言及できないし，逆もまた然りである。しかし，ユーザー同士であれば利権に関わらず自らの経験から回答ができ，同じトラブルを解決したユーザーによってスムースな解決法を提示することができるのである。

§4.　WEBロイヤルティの確立

同社では，OKWaveへの参加者のロイヤルティを高めるため，ユーザーにとっての使いやすさにも徹底してこだわり続けた。そもそも，兼元氏はWEBデザイナーから事業を起こしたこともあり，その点は抜かりなかった。また，参加者のストレスをできる限り低減することを徹底し，サーバーダウンを極力減らすためのシステムとメンテナンス体制を強化してきた。これを基本とし，Q&Aサイトの運営において下記の点を最重要課題として位置づけた。

1.　回答の信頼性

前節までに述べてきたように，当初，オウケイウェイヴでは収益の柱にOKBizを据え，Q&AサイトのOKWaveはOKBizを支える事業と位置づけ，OKWaveでは収益を得ることを期待しなかった。例えば，OKWaveの最大の競合であるYahoo!知恵袋と比較すると，Q&Aサイトの収益源には大きな違いがある。

Yahoo!知恵袋はYahoo! JAPANが2004年より開始したサービスであり，匿名かつYahoo!のメールアドレスのみで参加できるため，OKWaveより敷居が低いと見られる。両社の比較を図表11-2に示す。Yahoo!知恵袋の利用者登録数はOKWaveのそれの5倍強，また質問数，回答数も10倍以上の開きがあるが，その一方，内容に目を向ければ若者のゲーム攻略法に関する気軽な質問が多く，また「荒らし」を目的としたような書き込みもしばしばみられるという。その結果，閲覧者数の差はさほど大きくない。

Yahoo!の主な事業内容は，「マーケティング・ソリューション事業」と「コ

図表 11-2　OKWave と Yahoo! 知恵袋の比較

	OKWave	Yahoo! 知恵袋
質問数	700 万件	1 億 1,500 万件
回答数	2,380 万件	2 億 6,500 万件
登録者数	250 万人	1,380 万人
月間 PV(ページ閲覧数)	約 1 億 5,000 万	約 9 億 4,600 万
月間 UU(閲覧者数)	約 5,000 万	約 6,600 万

注）2014 年 4 月現在。Yahoo!JAPAN 媒体資料ならびに筆者の聞き取り調査による。

ンシューマ事業」である。前者は検索エンジンと連動した広告や，ディスプレイ広告といった広告関連サービス，また法人向けの情報掲載サービス(Yahoo! 不動産など)，一般向けのゲーム販売サービスから構成されている。「マーケティング・ソリューション事業」が Yahoo! の全売上高に占める割合は 71.2% にのぼり，収益の柱となっている。中でも広告事業に力を入れる傾向が強いと見られ，検索連動型広告，ディスプレイ広告の両分野とも，売り上げを伸ばしている。

つまり，Yahoo! は広告収入を主とした事業展開をしているため，ユーザーによる閲覧，その滞在時間の増加に力を入れる必要がある。その結果，Q&A においては「質」より「量」を重んじる傾向にあると考えられる。一方，OK-Wave では，Q&A サイトの信頼性を重視するために Q&A サイトを直接の収益源とすることをあきらめたと言える。Q&A サイトで直接稼ごうとするならば，多少の質の低下には目をつむり，参加者数を増やしていかなければならないからである。

2.　回答の迅速性

一方，OKWave では，上述の信頼性とともに(回答の)迅速性を重視してきた。迅速性を高めるには，回答者の数を増やすことが欠かせない。ただし，回答者数を増やそうとすれば，ありきたりの方法ではコストがかさむことになる。例えば，回答に対する謝礼としてプレゼントや景品に交換できるようなポイントを提供することにすれば，一定程度の回答者を確保することができるだろう。その一方，コストもかかるし，さらには謝礼を目的とした質の低い回答も同時に増えることになる。

OKWave ではユーザーの獲得した「お礼ポイント」によって多少の景品が提供されるものの，基本的には回答者への対価は一切発生しない。すべての回答は，答えたい，役に立ちたい，という自発的な気持ちから寄せられたもので，それに対して質問者が「お礼」を伝えることで成り立つシステムである。サイト開始当初，OKWave に寄せられたクレームの 8 割は「質問者からのお礼がない」というものだったという。兼元氏はお礼の大切さ，「ありがとう」という言葉が人に与える効果に着目し続けてきた。

兼元氏は，「この地球をありがとうの思いと言葉と笑顔でひとつにつないでいくこと，約 65 億人の胸に「ありがとう」のマジックを届け，国が，地球がかかえる問題を解決するチカラにすること。それが私たちの目指す最終ゴールです」という。

感謝の気持ちをインセンティブとして，助け合いによって世界中をつなげていくことを狙いとして立ち上げられたのが「OKWave ありがとう」である。会員登録したユーザー同士が投稿内容を翻訳し合うことで，言葉の壁を超えた意見交換を目指すもので，対応言語は現在英語，中国語を始め全 20 カ国語となる。サイト名の「ありがとう」は各国の言語に変換されており，例えば英語圏の国では「OKWave Thank you」，フランスでは「OKWave Merci」として公開されている。

サイトを通じ世界中のどこでどんな問題が起きているのかを知り，世界中の知恵を絞って解決することを目標とする。利権の絡まない率直な質問と回答を重ね，文化の壁や偏見を超えた相互理解を得ることが目的だという。

また，OKWave では，投稿数を増やすため，あえて競合となりそうなサイトとも積極的に連携してきた。これは，前述の通り，OKWave に質問を書き込むと，パートナーサイトにも自動的に質問が掲載され，また，提携サイトを通じても回答が得られることになるものである。「BIGLOBEなんでも相談箱」，「楽天みんなで解決！ Q&A」などのサイトと連携することにより，迅速かつ多くの回答が得られることになった。

3.　収益の多様化を目指して

同社のビジネスモデルでは，一般消費者向けのQ&Aサイトを直接の収益源としないため，収益を他に求める必要がある。その1つの解が，前節で述べた企業へのQ&Aサービスの提供であった。

一方，同社では収益の多様化を目指してきた。自社のデータを分析し，これを特定の業界や企業にレポートとして販売するサービスを2013年に開始し，「OKWave総合研究所」として組織を独立させた。同研究所は，Q&Aデータを分析し企業にVOCとして有償提供するサービスによってQ&Aデータを収益化することを目指している。

投稿者の属性を把握できているところから，記述ワードの類似性や，あるいは時系列での推移などを分析し，レポートとして販売している。分析例を図表11-3に示す。例えば，質問の文言についてテキスト・マイニングなどの分析を行い，これに何らかの評価や解釈を加えて，レポートとして販売するものである。現状では分析に関わることができる担当者が少なく，多くの業界やテーマについて分析したり，より付加価値の高い提案をするには限りがあるものの，今後サービスの拡大とともに収益への貢献が期待されている。データを企業に有償提供するうえで最も重要となるのは，その利用価値を明確化することであり，この点において，検証しながらこの事業を拡大することが求められている。

Yahoo!でも同様の動きが見られる。2014年1月，Yahoo!は株式会社ブレインパッドと合弁会社「Qubital」を設立した。株式会社ブレインパッドは，データ分析および関連サービスを専門とした上場企業であり，「Qubital」の設立はYahoo!に蓄積されたビッグデータの分析に本腰を入れる構えを見せたものである。ビッグデータ活用の動きの中で，今後の両社の動向には目が離せない。

図表 11-3　OKWave 総合研究所のレポート分析例―質問で使用されている言葉の関係性（n＝4262）

➢「facebook」が頻出しており，次いで「動画」「ブログ」などの言葉が出現している。
➢「facebook」については，友達申請についての質問の他にメールアドレスについての質問が多く，アドレス登録について悩みや不安を抱えている様子がみられる。

※図形の見方
▶位置に関係なくお互いの相対的な距離が近いほど同じ投稿内で記述されているワード
▶白色＜灰色の濃淡順に記述されている頻度が高いワード

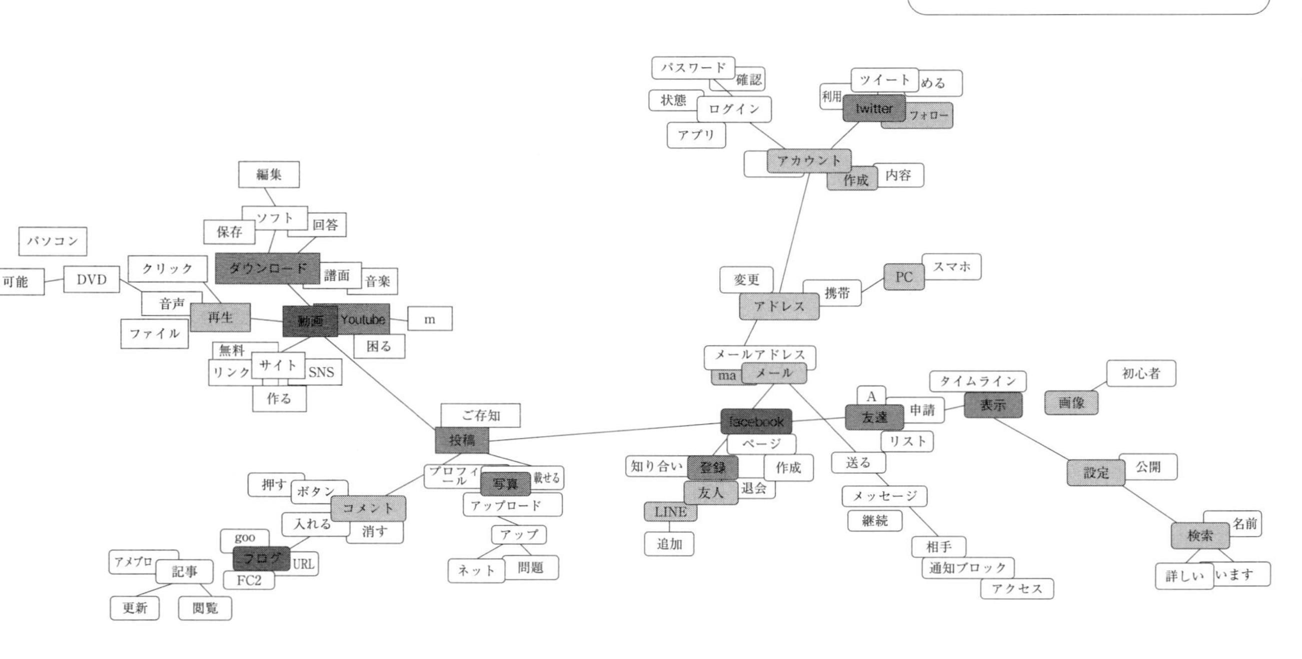

§5.　むすびにかえて

OKWave は，Q&A のプラットフォームを提供することによって，質問者と回答者を結びつける役割を担ってきた。こういった役割を持つビジネスは，プラットフォーム型ビジネスと呼ばれる(4)。OKWave は，Q&A サイトによって，質問者の欲しい知識と回答者の保有する知識にかかわる取引を活性化させるような役割を私的に提供している。プラットフォーム型ビジネスは，産業全体の資源移動や，企業が機能の外部化を進めるために重要な役割を果たすことが期待されており，社会的にも意義の高いビジネスと言えるだろう。

一方，プラットフォームへのロイヤルティを高め，参加者を拡大することは，プラットフォームとして成長するために欠かせない要素となる。というのも，プラットフォーム型ビジネスにはネットワーク外部性という性質が存在するからである（Kokuryo and Takeda［1997］）。ネットワーク外部性とは，「同一規格の財を消費する人数が増えれば増えるほど，当該財の個々の消費者の便益が増す現象」（岡田［1992］；Katz and Shapiro［1985］；Hayashi［1992］）である。

ネットワーク外部性がはたらく市場では，拡大とともに 1 つの製品（標準）が標準化していく。このような現象が生ずる場合，潜在的顧客の購買意思決定が，既にその規格を採用している顧客の数によって影響を受ける。ひとたび劣勢となった標準は，製品や価格などにおいて相当に便益の差がないと，逆転することが難しいこととなる。逆に優勢な標準は，他よりも多くの潜在的顧客の選好を得ることができる。そして，それがさらに多くの顧客を生むことになり，最終的に期間シェアは 100% に収斂していくことになる(5)。

このようなプラットフォーム型ビジネスの特質を考慮すると，サイトへの参加数がプラットフォームの効用を規定する主要因となるため，サイトへのロイヤルティを高めることが最重要である。

OKWave では，WEB（Q&A）サイトへのロイヤルティを高めるために，図表 11-4 に示す通り，読みやすさ・理解しやすさ，使いやすさ・（直感的な）操作のしやすさに加え，徹底した信頼性と迅速性を高めることに注力してきた。

図表 11-4　WEB ロイヤルティの向上

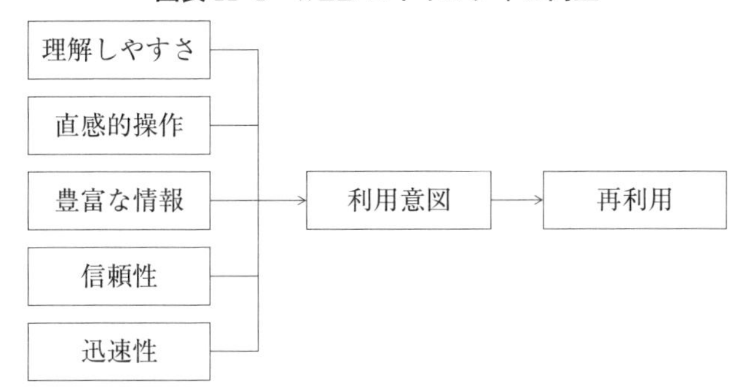

出所：Loiacono, et al.［2007］を参考に筆者作成。

一方，Q&A サイトから直接収益を稼ぎだそうとすると，サイトの魅力が低下することになる。つまり，収益を生み出すしくみを工夫することが欠かせないと言えるだろう。OKWave では，サイトへのロイヤルティを駆動力としながら企業向けサービスから収益を確保することによってもたらされている。

（本章を執筆するに際しては，オウケイウェイヴ株式会社マーケティング本部本部長佐藤哲也氏ならびに同マネジャー武内一矢氏から協力を得た。また，インタビューならびに情報収集においては，伊藤英子氏の協力を得た。この場を借りてお礼申し上げたい。本稿は，文部科学省委託事業「スキルと実践を重視したビッグデータ・イノベーション人材育成プログラム」(平成 26 年度)の助成を受けて行われた研究成果の一部である。)

<注>

（1）　内閣府・消費動向調査「消費耐久消費財等の普及率(一般世帯)」平成 25 年(2013 年)より。

（2）　総務省・情報通信統計データベース「平成 15 年調査(平成 16 年 4 月 14 日公表)」より。

（3）　2005 年にはこの質問回答を一冊にまとめた『今週，妻が浮気します』(中央公論新社刊)が発行され，8 万部を超える売り上げを記録した。2007 年にはフジテレビ系列でテレビドラマ化された。

（4） プラットフォーム型ビジネスとは，「だれもが明確な条件で提供を受けられる商品やサービスの供給を通じて，第三者間の取引を活性化させたり，新しいビジネスを起こす基盤を提供する役割を私的なビジネスとして行っている存在」(国領［1995］)をさす。

（5） この現象はネットワーク外部性によるバンドワゴン効果と呼ばれる。バンドワゴン効果については，Leibenstein［1950］を参照のこと。

≪参考文献≫

エヌシーネットワーク［2007］『EMIDAS Magazine for students』vol. 3。
兼元謙任［2005］『グーグルを超える日　オーケイウェブの挑戦』ソフトバンククリエイティブ。
兼元謙任・佐々木俊尚［2008］『「みんなの知識」をビジネスにする』翔泳社。
兼元謙任・高橋伸之［2008］『問い合わせに悩む会社のFAQサイト作成＆活用ガイド』翔泳社。
兼元謙任［2013］『ホームレスからのリベンジ―あるIT社長の独白』小学館。
国領二郎［1995］『オープン・ネットワーク経営』日本経済新聞社。
岡田羊祐［1992］「ライセンシング，技術の標準化，および厚生」『信州大学経済学論集』第29号。
Hayashi, K.［1992］"from Network Externalities to Interconnection：The Changing Nature of Network and Economy," in C. Antonelli ed., *The Economics of Information Networks*, Elsevier Science Publishers B. V.
Katz, M. L. and C. Shapiro［1985］"Network Externalities, Competition, and Compatibility," *American Economic Review*, 75(3).
Kokuryo, J. and Y. Takeda［1997］"The Role of "Platform Businesses" as Intermediaries of Electronic Commerce," *KEIO BUSINESS FORUM*, 14(2).
Leibenstein, H.［1950］"Bandwagons, Snob, and Veblen Effects in the Theory of Consumers' Demand", *Quarterly Journal of Economics*, 64(2).
Loiacono, E., R. Watson and D. Goodhue［2007］"WebQual：An Instrument for Consumer Evaluation of Web Sites," *International Journal of Electronic Commerce*, Vol. 11, No. 3：51-87

(余田　拓郎)

あとがき

本書は，慶應義塾大学大学院経営管理研究科(通称，慶應ビジネス・スクール：KBS)で嶋口充輝先生に師事した門下生有志による顧客ロイヤルティに関する著作集である。ただし，単なる学術論文ではなく，実際に企業の現場で起きている課題を題材にして，それを理論化した上で実務と研究に役立つ本を作ろうという野心的な試みが込められている。

10年前に出版された本書の旧版は，そもそも嶋口先生のゼミナール出身者が既に大学教員，実務家，コンサルタントとかなりの数に増えたので，一度その成果をまとめて恩返しをしようという試みであった。嶋口先生の門下生は嶋口ゼミに在籍した150名を超える経営修士(MBA)および経営学博士(Ph. D)の卒業者と，さらに毎月定期的に行われている嶋口研究会(現在は嶋口・内田研究会として活動。基本的に自由参加の勉強会で実務家，コンサルタント，学者，学生を含む)の会員のなかより大学教員と研究者を中心に執筆参加者が自薦，他薦で選ばれた。締め切りやテーマの関係など様々な事情で執筆陣に加われなかった研究者もいたが，いずれも第一線の優秀な研究者ばかり20名あまりで執筆されたものである。

このような経緯で，旧版「顧客ロイヤルティの時代」が2004年に出版されたのである。当時の先進企業の事例を多く取り上げたこともあり，多くの読者に手にとっていただけた。また，ビジネス・スクールのテキストとして，あるいは企業研修の教材としても活用して頂いたようである。在庫もわずかとなってきたこともあり，数年前より新版を出版するという企画が持ち上がってきた。一部の手直しによって改訂することも検討したが，これからも長く読んでいただける書とすべく新版に挑戦することになった。執筆者は，旧版の執筆者を中心に，嶋口ゼミに出身の研究者・実務家に声がかけられ，このたび新版の出版にいたったものである。

テーマについては，旧版のコンセプトである「顧客ロイヤルティ」を踏襲している。顧客満足や関係性マーケティングは嶋口先生が従来より追求してきたテーマであったのだが，企業との接点の多い嶋口門下生からみても，また企業経験者がたくさん集まるビジネス・スクールの学生の視点からも，きわめて関心の高いマーケティング問題であった。その結果，テーマは，顧客満足と顧客関係性にまたがる「顧客ロイヤルティ」に決まった経緯がある。

新版でも，この「顧客ロイヤルティ」をキーワードにして，各人に自由に執筆してもらい，それを最終的に1冊の本に仕上げるという形を取った。その際，旧版で普遍的な内容を有している章を理論編として独立させるとともに，取り上げる事例はすべて書き下ろしの最新ケースに入れ替え，タイトルを『顧客ロイヤルティ戦略：ケースブック』とした。旧版を出版してからの10年間で，顧客ロイヤルティを取り巻く環境は大きく変化してきた。新版の事例は，その変化を意識して構成されている。本書も多くの読者に手にとっていただければ幸いである。

内田は嶋口・内田研究会の代表幹事を務め，KBSの同窓会長も務めた関係から卒業生代表の形で編著者に名を連ねることになったが，実質的な編集作業は，余田先生，黒岩先生の両先生の労を多とするものであり，また本書は嶋口門下生全員での作品と考えてもらいたい。本書がささやかでも日本のマーケティング研究や経営実務の発展に役立ってくれるなら，本書執筆者さらには嶋口門下生全員で喜びとするところである。

嶋口門下生を代表して

内田　和成

事項索引

企業・ブランド・商品名等索引

（編著者紹介）

内田　和成（うちだ・かずなり）
早稲田大学ビジネススクール教授。
東京大学工学部卒業。慶應義塾大学経営学修士（MBA）。日本航空勤務，ボストンコンサルティンググループ日本代表を経て現職。
専門は競争戦略論，リーダーシップ論。

余田　拓郎（よだ・たくろう）
慶應義塾大学ビジネス・スクール教授。
慶應義塾大学大学院経営管理研究科後期博士課程修了。博士（経営学）。住友電気工業勤務，名古屋市立大学経済学部助教授などを経て現職。
専門はマーケティング戦略論。

黒岩　健一郎（くろいわ・けんいちろう）
青山ビジネススクール教授。
慶應義塾大学大学院経営管理研究科後期博士課程単位取得退学。博士（経営学）。住友商事勤務，武蔵大学経済学部専任講師，准教授，教授を経て現職。
専門はマーケティング論。

《検印省略》

平成27年3月10日　初版発行　　略称：顧客ロイヤル戦略

顧客ロイヤルティ戦略：ケースブック

編著者　内田　和成
　　　　余田　拓郎
　　　　黒岩　健一郎
発行者　中島　治久

発行所　**同文舘出版株式会社**
東京都千代田区神田神保町1-41　〒101-0051
電話 営業（03）3294-1801　編集（03）3294-1803
振替 00100-8-42935　http://www.dobunkan.co.jp

Printed in Japan 2015

印刷：三美印刷
製本：三美印刷

ISBN 978-4-495-64721-6